中公新書 2768

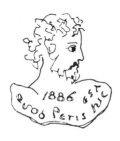

牧野百恵著

ジェンダー格差

実証経済学は何を語るか

中央公論新社刊

はじめに

二〇一五年九月に国連総会で採択された「持続可能な開発目標」(SDGs)には、一七の世界的目標と一六九の達成基準が示され、その目標5に「ジェンダー平等を実現しよう」を掲げています。ジェンダーとは、社会・文化的に意味づけされた性別のことを指し、生物学的な性別＝セックスとは区別されます。

この本の執筆の動機は、ジェンダー平等を声高に叫ぶだけではそれは実現しないし、政策議論も深まらないのではないかという問題意識にあります。筆者は経済学が専門なので、エビデンスを示したジェンダーにまつわる研究を取り上げることで、ジェンダー平等に関する議論に深みをもたらすことができればと思っています。

最近よく耳にするエビデンスですが、実証経済学でいうエビデンスとは、統計学を使って因果関係を厳密に示した研究結果を指します。証拠にもとづく政策立案(Evidence Based Policy Making: EBPM)など、政策形成の過程でエビデンスの重要性が認識されています。

この本では、因果関係のエビデンスを示したジェンダー格差についての研究を、端的に紹介していきます。なお、各研究の詳細については巻末の参照文献をご覧ください。

女性やジェンダーを対象にした経済学には馴染みがない人が多いかもしれません。しかし、経済学は人間の行動を科学的に探究する学問です。

一九九二年ノーベル経済学賞を受賞したゲイリー・ベッカー（一九三〇〜二〇一四）は、犯罪や麻薬中毒、肌の色や性別による差別、結婚など、およそ経済学では扱われてこなかったトピックを経済学の枠組みで分析できることを示しました。家庭内において、結婚や出産、子育て、労働参加などにまつわる意思決定を、経済学の枠組みで分析する「家族の経済学」は、女性の家庭内における交渉力を扱っていますし、労働経済学は、女性の労働参加や社会進出をよく扱ってきました。この本でも、女性の労働参加や社会進出を中心にみていきます。

実証経済学が示すエビデンスは、とても強いメッセージになるはずです。

たとえば、アメリカ連邦政府最高裁判所は、二〇二二年六月、州による中絶禁止法の制定を合憲と判断しました。これによって、ケンタッキー州やルイジアナ州など、南部を中心としたおよそ二〇州で中絶が違法となりました。もともとは、一九七三年の最高裁「ロー対ウェイド判決」で、子宮外で胎児の生存が可能となる二四〜二八週までの堕胎を禁止とする法律を違憲と判断して以来、アメリカではほとんどの州で中絶が合法となったため、それを半世紀ぶりに覆《くつがえ》す大きな判断でした。

中絶をめぐっては、女性のプライバシー権、胎児の生存権、宗教的価値観などさまざまな争点が絡み合っており、主義や信条、倫理規範＝「○○するべき」をもとにすると議論が収拾しません。

ところが、実証経済学では主義や信条はさておき、中絶が合法化されることの効果を、エビデンスとして明快に示すことができます。

実証された効果には、中絶が合法化されたことで、とりわけ黒人の貧困層の女性が恩恵を受けたこと、中絶が違法なら生まれていたはずの子どもが生まれなかったことで、二〇年後の犯罪率が明らかに低下したことなど、少々ショッキングなものも含まれます[49-51、67、82、93]。

白人の裕福な女性は、中絶を望めば合法な州に行って中絶をすればよいだけの話だったことや、そもそも望まない妊娠をしにくかったこともあり、中絶をめぐる最高裁の判断にあまり影響を受けなかったこともあったのでしょう。中絶が違法な場合に望まない妊娠をしてしまった貧困女性は、不衛生な方法で堕胎を試みるなど、健康状態を危険にさらしていたこともあったようです。

女性の中絶権をめぐるエビデンスは一例ですが、実証経済学が、制度や規範がもたらす、思ってもみなかった効果を明確に提示します。

数学や統計学を利用した最新かつ最先端の実証経済学研究には、日本の一般読者や政策担当者の方たちに知ってほしい知見がつまっています。この本は、これらの研究を端的に紹介するものです。そのうえで、一般の読者に読みやすいように、経済学の専門用語を避けた平易な表現を心がけました。

私はジェンダーの専門家ではありません。ジェンダー研究を専門とされる方々からすると的外れな記述もあるかもしれません。むしろ、ジェンダーにまつわる問題の、実証経済学による最新の知見に対してどのように思われるか、ジェンダー研究を専門とされる方々の意見を聞いてみたいと思っています。

女性の活躍が多くの場で叫ばれています。そうしたなかにあって、女性が活躍し、かつ幸せを感じることができる社会を実現するうえで、経済学の知見を活用しない手はありません。この本がその目的達成への一助となれば幸いです。

なお、本文内で紹介する研究者の肩書きは、本書の執筆時のものです。また、本文内における注記［　］の数字は、巻末の参照文献と対応しています。

目次

ジェンダー格差

――実証経済学は何を語るか

序章　ジェンダー格差の実証とは

実証というからには、すべてを数値化し、データとして示すことが大前提です。では、そもそものジェンダー格差はどのように測ることができるのでしょうか。

ジェンダー格差を測る指標でもっとも広く知られているのは、世界経済フォーラム（World Economic Forum: WEF）が毎年発表している、「ジェンダー・ギャップ指数」でしょう。ジェンダー・ギャップ指数は、教育、健康、経済、政治の四分野について測り、国ごとの男女の格差を表しています。まったくジェンダー格差のない状態を1として、指標が0から1に近づくほど格差は小さくなっています。

たとえば、二〇二三年に発表された日本の指数は〇・六四七です。六四・七％の部分で格差はなくなったけれども、まだ三五・三％の部分で格差が残っていることになります。

この指数で、日本は調査対象の一四六ヵ国のうち一二五位という不名誉なランク付けとなりました。二〇二二年から九つ下がった順位は、〇六年に指数の発表が始まって以来最低です。

依然として先進国首脳会議参加国（G７）のなかで、最下位であることに変わりはありません。それどころか、東アジア太平洋諸国一九ヵ国のなかでも最下位です。ちなみに、ここでいう東アジア太平洋諸国には、タイやインドネシアなど一般に東南アジアと呼ばれる国々も含みます。日本のジェンダー格差は悪化しているか、少なくとも改善していないとみて間違いないでしょう。

本章では、まずジェンダー格差を測る指数を詳しく紹介します。世界的にみても格差の大きい日本の人びとは、ジェンダー格差についてどのように思っているのでしょうか。

そのうえで実証経済学では、果たしてどのようにジェンダー格差を研究対象としてきたのか、ジェンダー格差に関するエビデンスとは何か、エビデンスを実証する方法について、この本で紹介する研究が使ってきた手法をみてみましょう。

1　日本のなかの温度差――格差への多様な考え

格差が大きい政治と経済分野

ジェンダー・ギャップ指数の四分野のうち、教育の分野は、識字率、初等教育就学率、中等教育就学率、高等教育就学率それぞれの、男性に対する女性の比を０-１で示したウェイト（％）をかけて加重平均を計算し、ランク付けします。加重平均とは、各項目の数値に何

0−1　ジェンダー・ギャップ指数の測り方

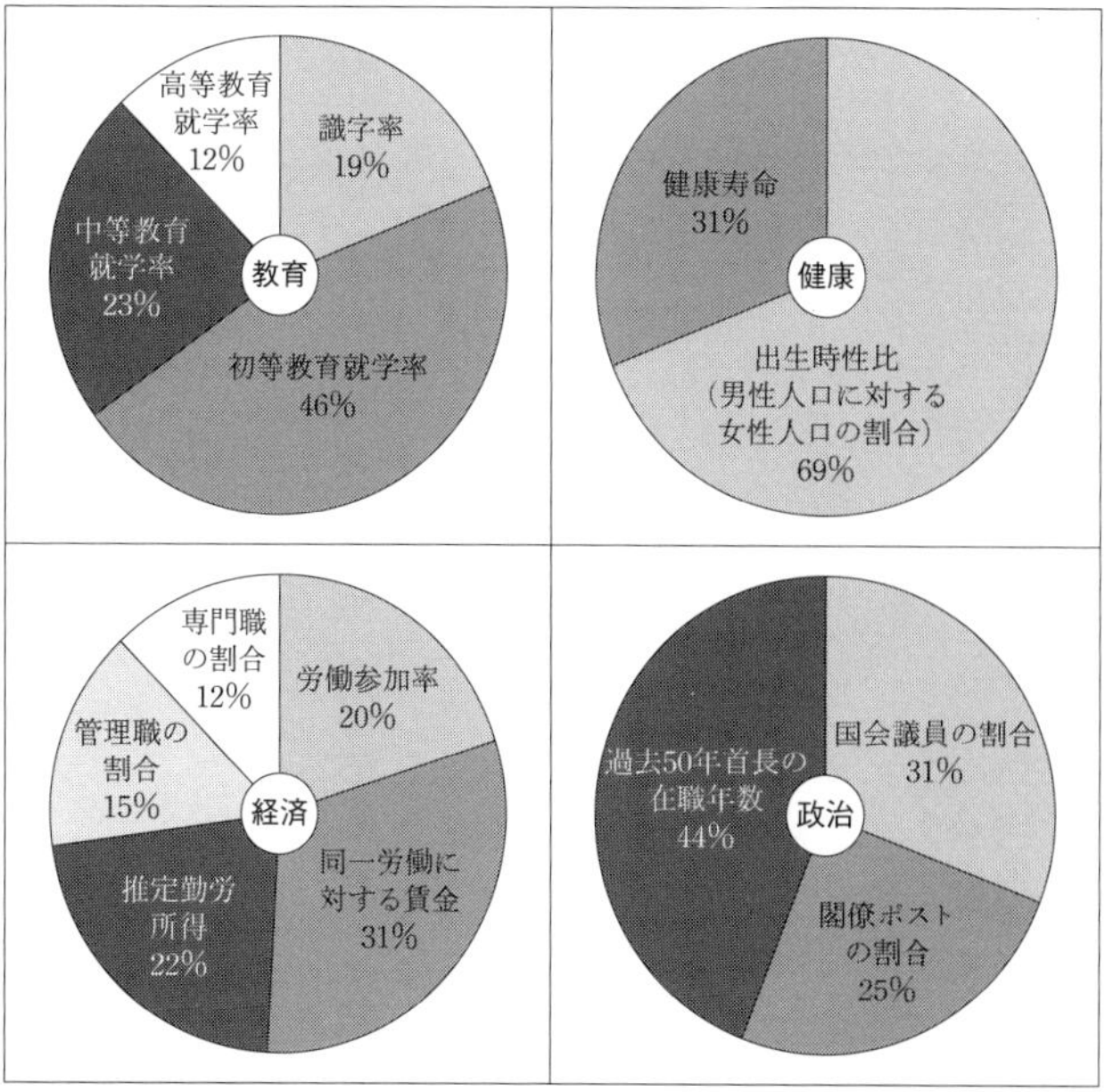

注：それぞれの分野について、男性に対する女性比を、表示のウェイト（%）をかけて加重平均を計算。
出典：Global Gender Gap Report 2022（https://www3.weforum.org/docs/WEF_GGGR_2022.pdf）をもとに筆者作成。

らかの係数をかけてから足し合わせて平均を算出するものです。この場合の係数、つまり0−1で示したウェイトは、各項目のばらつきが均一になるように機械的に計算されています。なお、中等教育とは日本の中学・高校にあたり、高等教育とは大学、短大、専門学校にあたります。

健康の分野は、男性人口に対する女性人口の割合を表す出生時性比と、男性に対する女性の健康寿命の比の加重平均でランク付けされます。

教育の分野では、小学校から高校までの就学率に重きが置かれており、健康の分野では、出生時の性比に重きが置かれています。これらの指標に男女の格差があまりない日本では、教育や健康分野のジェンダー格差はあまりありません。日本の高校進学率は九七％を超えており、このような高水準では、男女の違いは出にくいでしょう。ここでいう性比は、男性人口に対する女性人口の割合ですが、意図的に女性の人口を減らすようなことも日本では考えにくいでしょう。

この本で詳しく扱いますが、国によっては、男児を好む文化から、出生時の性比に明らかな違いがあります。出生前エコー診断などによって、胎児の性別が女児とわかると、中絶を選択することがあるからです。

教育の分野では、日本のジェンダー・ギャップ指数は1に近く、格差がないようにもみえますが、高等教育に限ってみると、格差があることがわかります。日本における大学進学率の男女格差は縮まりつつあるものの、依然として残ったままです（0―2）。経済協力開発機構（OECD）諸国のうち、四大卒以上の割合が女性より男性が高い国はもはや日本だけです（0―3）。

さらに大学での専攻まで詳しくみると、将来稼ぎやすいといわれる、いわゆるSTEM《ステム》（サイエンスScience、テクノロジーTechnology、エンジニアリングEngineering、数学Mathの頭文字

0−2　日本における男女別四年制大学進学率の推移、1960〜2020年

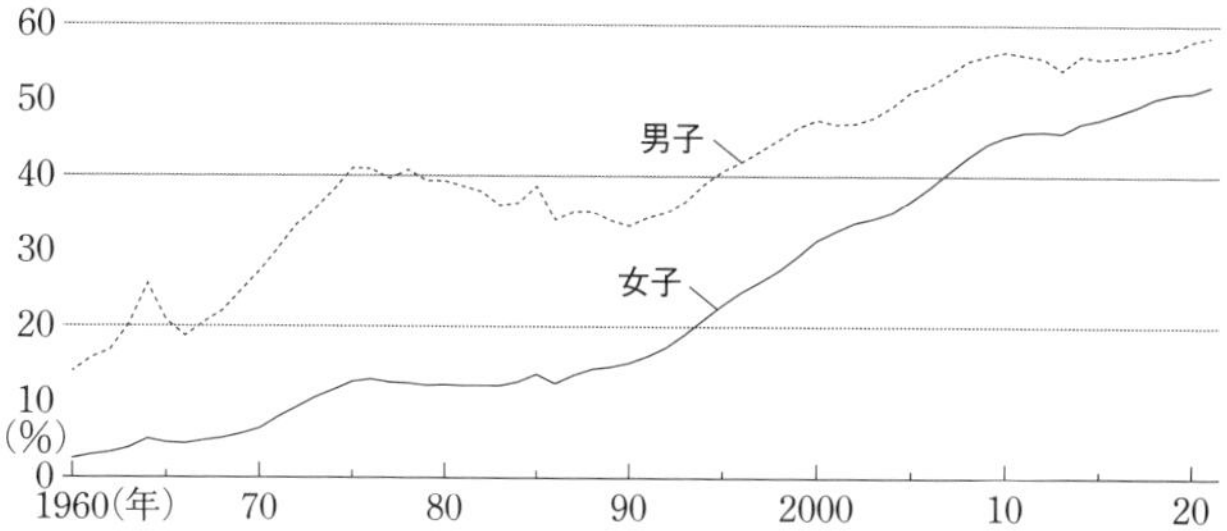

注：四年制大学（夜間を含むが通信制は除く）の入学者数を3年前の中学卒業者で割り、100をかけたもの。
出典：文部科学省「学校基本調査」をもとに筆者作成。

0−3　OECD諸国における四大卒以上の25〜34歳人口における割合、2019、20年

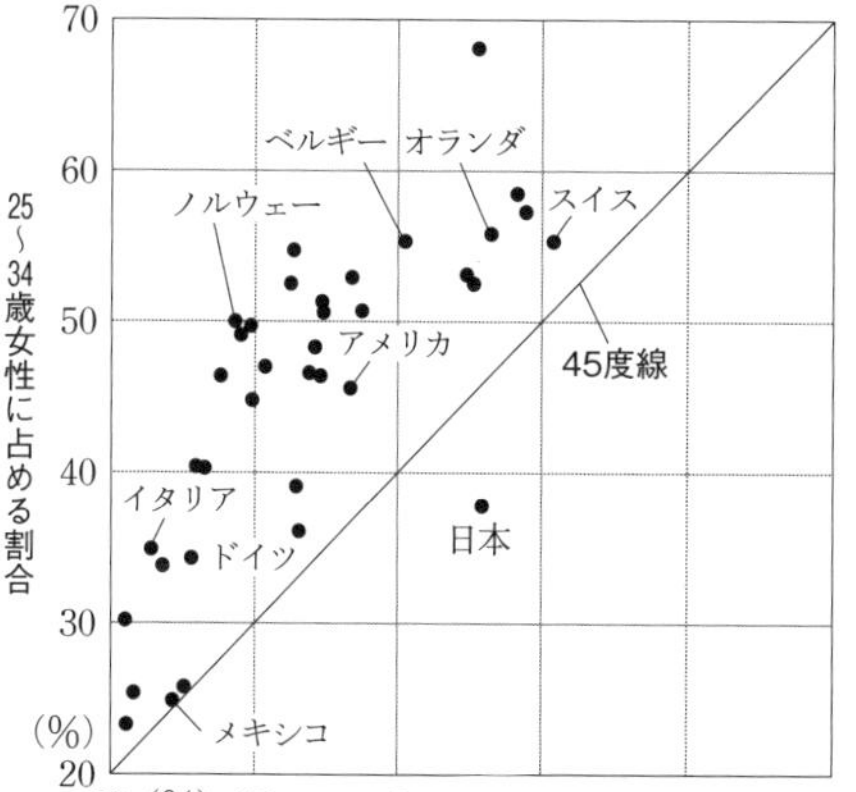

注：45度線上は25〜34歳人口男性と女性の大卒以上の割合が同じことを表す。
出典：OECD https://stats.oecd.org/をもとに筆者作成。

0−4　各国のジェンダー・ギャップ指数、2021年

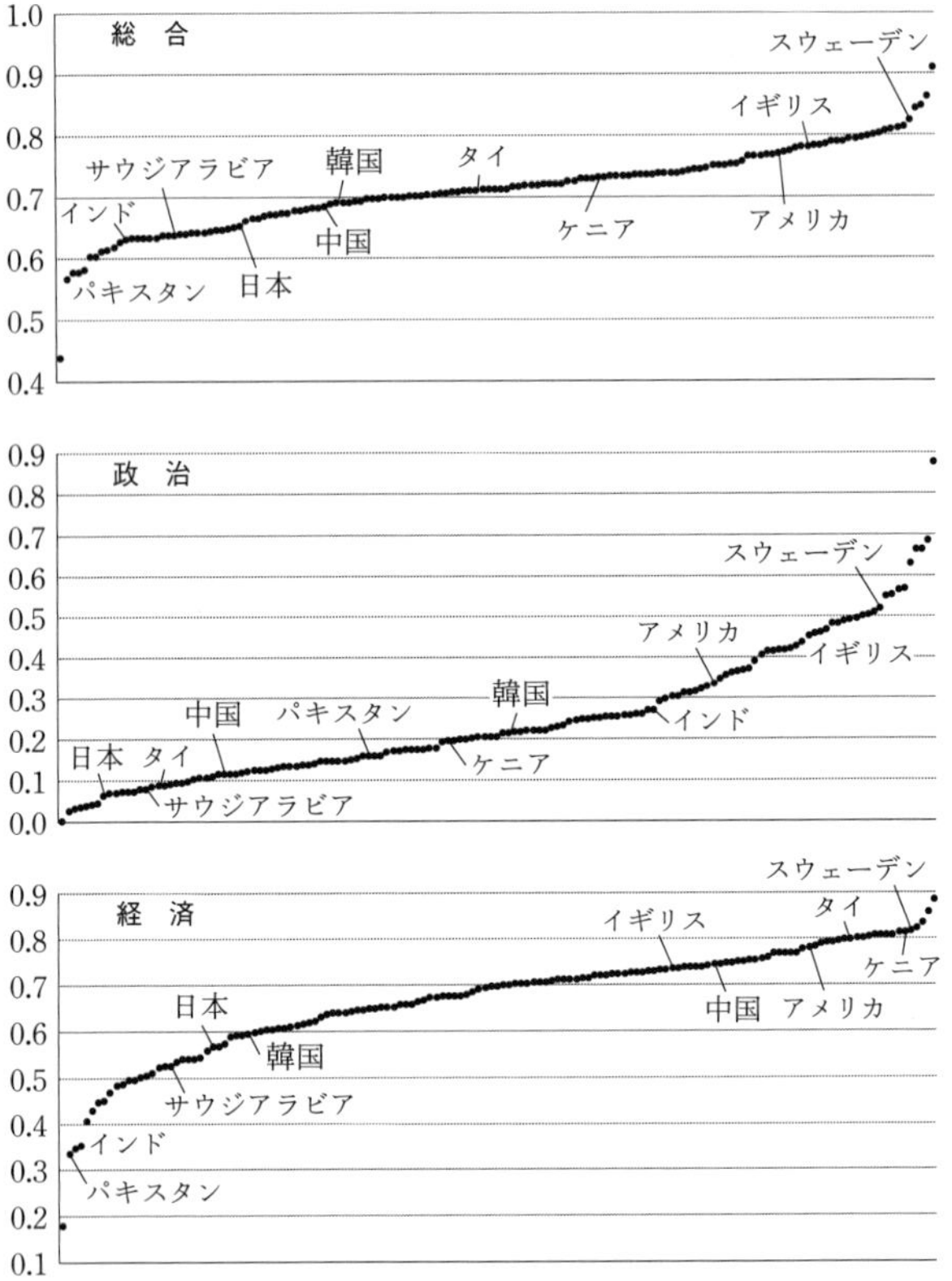

注：縦軸は指数（0−1参照）で、男女格差がまったくない状況が1、格差解消までの達成状況を表す。図の点は、左から順に格差が大きい国から小さい国を表す。
出典：Global Gender Gap Report 2022（https://www3.weforum.org/docs/WEF_GGGR_2022.pdf）をもとに筆者作成。

をとった、いわゆる理系）分野の男女の割合は非常に偏っています。ただ、この本で取り上げるように、これは日本に限ったことではなく、アメリカなどでもSTEM分野におけるジェンダー格差は問題となっています。

日本におけるジェンダー・ギャップ指数は、政治と経済の分野によって、全体のランクを下げています（0-4）。

政治の分野は、国会議員・閣僚の割合、過去五〇年における首長の在職年数それぞれの、男性に対する女性の比の加重平均でランク付けされます。

経済の分野は、労働参加率、管理職・専門職の割合、推定勤労所得それぞれの、男性に対する女性の比、および同一労働に支払われる賃金が同一かどうかの指標の加重平均でランク付けされます。

二〇二三年の発表では、日本は経済が一二三位、政治が一三八位です。「持続可能な開発目標」（SDGs）で注目され、女性の活躍が官民挙げて声高に叫ばれている一方、ジェンダー格差は日本の社会に根強いままです。

認識への温度差

日本では、人びとのあいだでジェンダー格差の認識に温度差があるようにみえます。ジェンダー平等を推進する人びとのあいだでは、ジェンダー・ギャップ指数での低ランクを問題視して、日本の政治や経済の分野でジェンダー平等が進まないことを批判しています。ジェンダー平等を積極的に推進する人びとがいる一方で、それほど格差を問題視していない人びともいます。それは女性のなかにもいるようです。

詳しくは第4章で触れますが、内閣府の調査によると、ジェンダーにまつわるさまざまな偏見が人びとに意識されていることがわかります（4-1）。

たとえば、二割の女性が組織のリーダーには男性のほうが向いていると答えています。また、一割の女性が男性が出産休暇・育児休業を取るべきではないと考えています。ジェンダー格差そのものが問題と認識されていなければ、それを改善しようと本気にならないのは当たり前かもしれません。

誤解を恐れずにいえば、格差を問題と思うどころか、むしろ格差があることを好都合と思っている女性も少なくないかもしれません。現在では希少で奢侈《しゃし》財ともいわれる専業主婦への願望が根強く存在することは、[140] そのひとつの表れではないでしょうか。

また、人びとの意識や偏見によって、女性ばかりが損をしているわけではありません。同じ内閣府の調査にあるように、男性は、結婚して家庭をもって一人前（男性三〇・四%、女性一七・九%が賛成）、いい大学を出て出世を目指すべき（男性二四・四%、女性一九・四%が賛成）、残業・休日出勤は当たり前（男性一八・七%、女性九・五%が賛成）、人前で泣くべきではない（男性二八・九%、女性一七・六%が賛成）との結果が出ています。むしろ、男性に生まれたくないと思っても不思議ではないでしょう。

これまでの研究では、このようなジェンダーに対する考え方、思い込み、偏見が、日常生活のさまざまな局面で影響を与えることもわかっています。この本では、ジェンダーに対する意識と格差との関係に着目した研究も紹介します。

指標によって格差が違う

ジェンダー・ギャップ指数での低ランクはとても不名誉で目立ちますが、指標によっては、日本のジェンダー格差はそれほどありません。たとえば、国連開発計画（UNDP）の二〇二一年「ジェンダー不平等指数」を使えば、日本は一七〇ヵ国中二二位です。

ただ、このジェンダー不平等指数の計算方法は、ジェンダー格差を測る指標としてふさわしいかは疑問です。なぜなら、政治や経済の分野での不平等が指数に表れにくいように計算されているからです。一方で、途上国の女性の貧しさを測る妊産婦死亡率と、二〇歳未満女性の出産率の高さが、指数のランクを落とすような計算式となっています。

先進国のなかで二〇二一年ジェンダー不平等指数を比べてみると、日本はアメリカ、イギリス、ニュージーランドより高いランクとなり、意外に感じる方も多いのではないでしょうか。それはもっともで、どの国も政治や経済の分野では、日本より女性が進出しています。では、なぜ日本のほうが高いランク付けとなるのでしょうか。その理由は、これらの国では二〇歳未満女性の出産率が高いためで、仮にこれが日本と同じ水準であればランクはすべて逆転します。

このように、指標がどのように計算されているかによって、ランク付けは大きく変わります。ジェンダー格差は各国が国の威信をかけて改善を図っているため、どの指標を用いているのか注意する必要があります。個人的には、WEFによる「ジェンダー・ギャップ指数」が、日本のような先進国のジェンダー格差を表す指標としては、多くの人びとの感覚に近いからこそ、もっともよく使われていると思っています。

平等を目指した政策の内実

では、ジェンダー格差が問題であり、改善の必要があると思っている人たちの議論はどうでしょうか。

ジェンダー平等それ自体は素晴らしい理念です。しかし、SDGsを含め、ジェンダー平等を前面に出す政策には表立って反対することが難しいだけに、時にはその理想が都合のいいように利用され、政策議論が深まらないということはないでしょうか。ジェンダー平等自体がよいことであると、思考が停止してしまってはいないでしょうか。

ジェンダー平等を体現する立派な法制度ができても、現実社会で実態が伴わないことはたくさんあります。

たとえば、日本における男性の育児休業制度は他国と比較して進んでいますが、実際に男性による育休取得は進みません。男性が現実に育休を取りにくいという会社の風土以上に、それを問題視していない、改善する必要があると思っていない人たちが、女性も含めて多いのではないでしょうか。先の内閣府の調査では、男性の一五・六%、女性の九・四%が、男性が育休を取るべきではないと答えています。

二〇二一年六月、「育児・介護休業法」が改正され、男性が育児休業を取りやすい環境を整備することが会社に対して義務化されました。男性が育児に積極的に参加することが期待されており、この改正そのものに反対することは難しいでしょう。しかし、これまでの研究をもとにすると、それだけで問題が改善するどころか、女性にとっては改悪となる可能性も否定できません。

一見、ジェンダー格差解消に役立ちそうな制度でも、実は女性にとってはマイナスの影響のほうが大きい、また、マイナスまでいかなくても大した効果がないという制度や政策は少なくないかもしれません。

ジェンダー平等を前面に掲げた政策が、女性の活躍という目的のために本当に役立つかどうかは検証の余地があるでしょう。

2　経済学は何を問題としたか

平等が豊かな社会につながるのか

ジェンダーは経済学でも重要なテーマです。家族の経済学が中心に分析する家庭内資源配分――限られた金銭や時間や財をどのように家族間で分け合うか――は、女性の家庭内における交渉力を扱っています。また、女性の労働参加や社会進出は、経済学でよく扱われてきたトピックです。

「はじめに」でも触れた一九九二年にノーベル経済学賞を受賞したゲイリー・ベッカーは、結婚などジェンダーにまつわる諸問題を経済学理論の枠組みで分析できることを示しました。データを使った実証ミクロ経済学の分野では、経済学者による研究成果が多く出ています。男女格差解消にとってよかれと思った政策や変化が、思ってもみなかった結果となった、かえって格差拡大につながったという例はたくさんあります。そのような実証研究の例をひとつ紹介しましょう。

エマニュエル・スコウフィアス世界銀行首席エコノミストの研究[139]に、インド農村で女性の賃金が上昇した効果を実証したものがあります。賃金上昇によって、女性の労働参加を促したことは予想どおりですが、その結果何が起こったのでしょうか。

母親が外で働くようになったために、家事の担い手が女の子に移ったのです。その結果、彼女たちの学校での学習時間が、男の子に比べて大きく減ったのです。教育投資は、将来の稼ぎにつながるものです。ここではジェンダー格差解消を目指した制度が、かえって長期的な男女格差を生み出すことになりかねないことを示唆しています。

国連はSDGsの目標5「ジェンダー平等を実現しよう」の意義について、ジェンダー平等はそれ自体が目的であるだけでなく、より平和で豊かで、持続可能な世界の実現のために必要と謳《うた》っています。しかし、ジェンダー平等が実現すると、本当により豊かな状態、貧困削減につながるのでしょうか。

ジェンダー平等の実現が原因となって、より豊かな社会という結果をもたらす、こうした因果関係を証明することはそれほど簡単ではありません。いまのところジェンダー格差を解消すれば、経済成長・貧困削減につながるといった因果関係に十分なエビデンスはありません。

因果関係を無視した議論にもとづいた政策は、思ってもみなかった結果を引き起こし、本来の目的である、女性が活躍しかつ幸せを感じることができる社会を実現するためには、むしろデメリットとなる可能性もあります。

エビデンスとは

ところで、エビデンスという言葉を最近よく耳にしますが、その意味についてしっかりと理解している人は、どれくらいいるでしょうか。おそらく、何らかのデータが示されることをエビデンスと思っている人も多いと思います。

経済学におけるエビデンスとは、0-5で示すように、Aという原因があって、それがBという結果につながったという因果関係が、統計学の手法を用いて科学的にきちんと証明されていることをいいます。

では、最近よく耳にするエビデンスにもとづく政策立案（EBPM）はどうでしょうか。政治家や政策担当者がEBPMや実証実験というとき、そのエビデンス自体は、単にデータを示せばよいものが多いようです。ましてや、こういった政策の結果、このような効果がみられる、期待されるといった、因果推論を厳密に行ったものはほとんどないようです。

たとえば、女性の政治家が増えると、子ども向けの政策や福祉政策が手厚くなるといった主張があります。実際に、各国のデータを比較した研究では、女性の政治家が多い国や地域では、児童手当などの福祉政策が手厚いことがわかっています。ただ、女性の政治家が多いことと福祉政策の充実という二つのデータからいえることは相関関係のみです。つまり、女性の政治家が多くなった結果、福祉政策が充実したとはいい切れないのです。

女性の政治家が増えることを原因Aとして、福祉政策が手厚くなることを結果Bとした場

0−5 因果関係と見せかけの因果関係＝相関関係

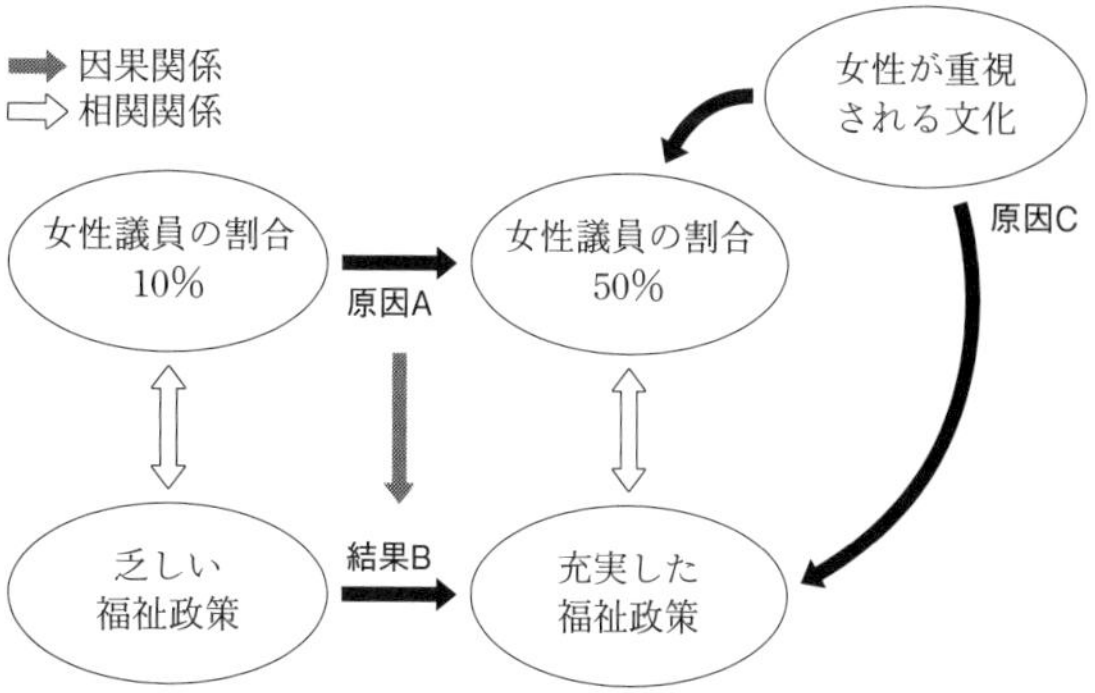

注：女性議員の割合が10%と50%の自治体を比べたときに、50%の自治体のほうが福祉政策が充実しているからといって、それが議員の数が増えた結果であるとは必ずしもいえない。A＝女性議員の増加も、B＝福祉政策の充実も、両者ともに「女性が重視される文化」によってもたらされている場合、AとBの間に相関関係はあるが因果関係はない。
出典：筆者作成。

合、A→Bという因果関係があるようにみえるでしょう。しかし、女性の政治家を増やすことは、福祉政策を拡充するために必要と短絡的に考えることは正しくありません。

この場合、女性の政治家が多いところでは、福祉政策が手厚いという相関関係はあります。しかしA→Bという因果関係があるとは必ずしもいえません。もともと女性の政治家が多いような土壌は、福祉政策を手厚くするような土壌でもあるわけです。

たとえば、人びとの意識が高かったり、先進的であったり、女性や子どもの地位がもともと高い文化であったり、データでは簡単に測れない特徴があることが多いでしょう。そういった人びとの意識の高さ＝Cといったことが本当の原因であり、Aという結果もBという結果も同時にもたらされている可能性が高いのです。

このような場合、突然天から降って湧いたように、A＝女性の政治家の数を増やしたとしても、Aが本当の原因ではないために、B＝福祉政策の拡充にはつながりません。

3　エビデンスを科学的に示す方法とは

因果推論の基本的な考え方

たとえば、女性の労働参加＝A、家庭内における交渉力＝Bとして、A→Bという因果関係を考えてみましょう。

女性の労働参加率を測るデータと、家庭内における交渉力を測るデータがあり、Aが高いほどBも強い関係がみられたとき、女性が労働参加した結果、家庭内の交渉力が強くなった、つまりA→Bの因果関係があるとみなしてよいのでしょうか。これは正しくありません。ここでも、「逆の因果関係」B→Aと、第三のCが本当の原因である、C→AおよびC→Bがありえます。原因とみなしたいAが、BからもCからも影響を受けているために因果関係がはっきりしないことを、経済学では「内生性《ないせいせい》」の問題といいます。

同じ人物に仮にAという原因が起こらなかった場合にどうなるか、Aが起こった場合と起きなかった場合を比較するのが因果推論の基本的な考え方です。ただ、「仮に」と書いたとおり、同じ人物にAが起こった場合と起きなかった場合の両立は、現実にはありえません。現実にAが起こったとすると、起きなかった、しかし起こりえた場合を「反実仮想」と呼びます。現実には起きなかったものとの比較が必要なので、このために実証経済学はさまざまな工夫をしてきました。

では、女性の労働参加がエンパワーメント——個人がもっている力を発揮して、自分で物事を決めたりできるようにすること——をもたらす、という因果関係を示すにはどうしたらよいのでしょうか。答えは、あたかも天から降って湧いたような、女性の労働参加に影響を与える外部からの要因を探してくることです。

このような外部からの要因を「外生変数」といいます。究極的には、次項で詳述するランダム化比較試験（Randomized Controlled Trial: RCT）で行われるように、くじによって決定することで、外部からの要因をつくりだすことが望ましいです。

RCTは、研究者が無作為に分けた被験者にのみ介入を行うので、「介入実験」ともいわれます。ただ経済学をはじめとする社会科学が扱うテーマでは、そのような介入実験の多くが倫理的に許されません。

たとえば、女性を第一グループと第二グループに研究者がランダムに分けて、第一グループの女性には労働参加してもらい、第二グループの女性には労働参加しないでもらう、といった実験を行うことは難しいでしょう。彼女たちの人生を大きく左右しかねないからです。

したがって、実験の内容を倫理的に許されるかたちで工夫したり、またあたかも天が決定したかのような外部からの要因を探すことが、実証経済学研究者の腕のみせどころです。

ランダム化比較試験とは

ＲＣＴはなんだか難しそうにみえますがシンプルなものです。ＲＣＴは、Ａ↓Ｂという因果関係のエビデンスを科学的に示すための有効な手法として注目されています。もともとは医療の分野で、新しく開発された薬の有効性を調べるために使われていました。

たとえば、新しく開発された降圧薬を与える第一グループと、偽薬を与える第二グループに、被験者をランダムに分け、実験後に血圧の下がり方に違いがあったかどうかを二つのグループで比べることがあります。

第一グループのなかには降圧薬を規則的に飲むことを忘れる人もいるでしょう。しかし、平均的には、第一グループと第二グループは同質なので、そのような人物は第二グループにも同じ割合でいるはずです。実験前には同質であったにもかかわらず、実験後の血圧に違いがあれば新薬の効果であると推論できます。つまり、あたかも同じ人物が飲んだ場合と飲まなかった場合を比較したように推論しているのです。

実際に降圧薬を飲んだか飲まないかではなく、実験者が振り分けたグループ別に介入の効果を測る方法は、「治療の意図」（Intention-to-Treat：ＩＴＴ）による分析と呼ばれています（Ｉ

0－6　ランダム化比較試験の例（女性に村長ポストを割り当てるクォータ制の導入について）

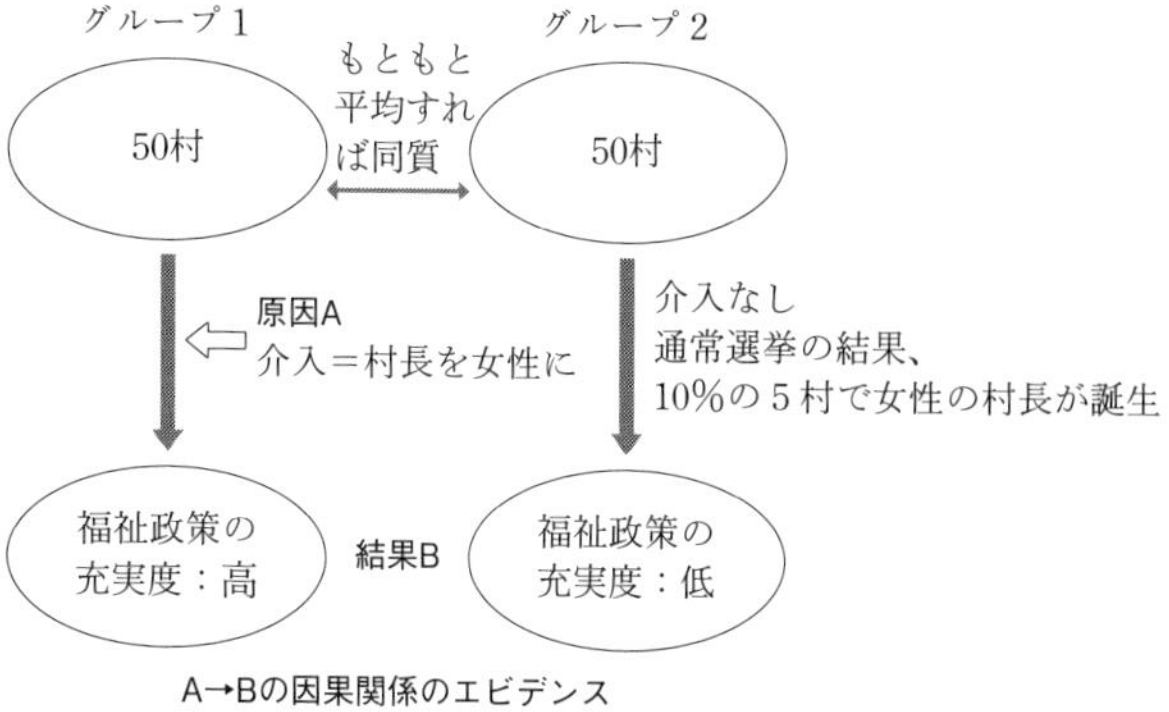

注：グループ1の50村では村長の立候補を女性に限る。グループ2は通常の普通選挙で村長を選ぶ。介入後に福祉政策の充実度をグループ1とグループ2で比べたところ、グループ1のほうが高い場合、介入前にグループ1とグループ2が同質であれば、その結果は介入（＝クォータ制の導入）が原因というエビデンスとなる。
出典：筆者作成。

TTについては用語解説を参照）。経済学では、二〇一九年ノーベル経済学賞を受賞したマサチューセッツ工科大学のアビジット・バナジー教授とエステル・デュフロ教授が、途上国の人びとを対象にした研究で、RCTを熱心に活用してきました。彼らの研究は、日本語訳もされています（『貧乏人の経済学――もういちど貧困問題を根っこから考える』[19]）。

たとえば、女性の政治家が増える＝A、福祉政策の拡充＝Bとして、A→Bの因果関係を示すには、0-6で示したようなRCTが理想的です。実験者がいくつかの行政単位をランダムに分けて同じようなグループを二つつくります。

女性へのクォータ制（割り当て議席）を導入し、ランダムに選んだ第一グループの村で村長への立候補資格を女性に限り、第二グループの村は通常の選挙で村長を選んでもらうとします。第二グループでも女性が選ばれることはもちろんありますが、通常は男性の村長を選ぶ村が多いとします。

十分な期間を置いたあと、二つのグループ間で政策の変化に違いがあったのかをみます。二つのグループは、もともとランダムに分けられた同質のグループであり、何らかの政策の違いがグループ間に出れば、それは介入によって女性の政治家が増えた結果だ、と推論することができます。

RCTの限界——倫理と範囲

RCTは、エビデンスを示す素晴らしい手法には違いありませんが、万能ではありません。先述したとおり、倫理的に許されない介入実験はできないからです。

たとえば、子どもが生まれると女性の所得にどのような影響があるかをみたいとします。純粋に、効果を測るためだけに理想的な実験としては、第一グループの女性たちに対しては子どもを出産することを義務化し、第二グループの女性たちには出産しないことを義務づけたまま、数年後の所得の違いをみることが考えられます。このような実験は、当然ですが倫理的に許されません。

RCTには別の限界もあります。RCTは倫理的に許される範囲でなければならないので、介入がごく限られた範囲の小さな内容となる傾向があるからです。介入の内容がちょっとしたものであると、それが特定の狭い範囲の集団や地域で効果があったからといって、一国の制度として有効とは限らないからです。実験の対象者だけでなく、一般的にも有効であることを「外的妥当性」といいますが、そのことを説得的に証明することもそれほど簡単ではありません。

自然実験の可能性

他方で、倫理面の問題を解決する方法があります。それが「自然実験」です。自然実験とは、天から降って湧いたような出来事が、ある一部の人にだけ起こったような状況を指します。あとから考えると、もともと同質な第一グループと第二グループがあり、第一グループにだけこのような突発的な出来事が起こったとみなすことができます。研究者が意図した実験ではないけれど、あたかも自然に生み出されたような、誰も意図していない力が実験しているようにみえることから、自然実験と呼ばれています。

ここでいう「自然」には、天気や気候などに由来するいわゆる自然現象だけでなく、研究者が意図しておらず、対象者からみても突発的であったと思われる政策変更なども含みます。

自然実験が影響を与える範囲が広く、大規模であるほど、結果的に一般的にも有効だといえることになります。自然実験がどういったものか、イメージが浮かびやすいように、例をひとつ紹介しましょう。

　カナダのブリティッシュコロンビア大学の教授であり、途上国の女性を対象とした応用開発経済学研究で有名なシワン・アンダーソンは、法律で女性の財産権保障に手厚い国ほど、女性の性や出産に関する決定権が強くなるという因果関係を明らかにしました[9]。

　女性の意思決定権がもともと強い国ほど女性の財産権を保障する法律が制定されやすいでしょうから、むしろ「逆の因果関係」のほうがありそうです。ここで女性の財産権保障→女性の意思決定権の向上という因果関係を証明するために、女性の財産権をA国では保障し、B国では保障しないといった実験を行うことは現実には難しいです。シワン・アンダーソンは、アフリカの人工的な国境線に着目しました。

　もともと同じ民族が住んでいた地域が、彼らの与《あずか》り知らぬ植民地政策という天から降って湧いた理由により、突然国境線によって真っ二つに分けられ、片方は女性の財産権保障に手厚い法体系の植民地に、もう片方は、保障されない法体系の植民地になりました。旧宗主国の法体系は現在も続いています。もともと同じ民族で同じような人びとがどちらの法体系の下に入ったかは、ランダムとみなすことが可能なので、このような偶発的な事象を自然実験として、女性の意思決定権に与える影響を実証したのです。

＊

次章からは、ジェンダーに関連するミクロ経済学の実証研究を紹介していきます。女性の労働参加や社会進出が中心になりますが、扱うトピックは、伝統的に経済学で扱われてきた女性の労働参加に限らず、子どもの数、結婚、慣習や文化、ジェンダーに関する社会規範やステレオタイプなど多岐にわたります。

いずれの章でも、この章で説明した因果関係のエビデンスはあるのかという視点で、ジェンダーにまつわる問題を読み進めてくだされば幸いです。

国連が、ジェンダー平等はより平和で豊かで持続可能な世界の実現のための手段であると謳っていることに触れました。しかし、ジェンダー平等が実現すると、それが原因となって、本当により豊かな状態や貧困削減といった結果につながるのでしょうか。

SDGsが高らかに謳っているような、もっともらしいけれど根拠の薄弱な解釈をそのまま受け入れるのではなく、そこに因果関係は本当にあるのかという批判的な考え方を忘れないでほしいと思っています。そうすることで、本当にジェンダー格差解消のためには何をすればよいのか、どこを変えれば意図した結果につながるのか、ヒントもみえてくるはずです。

また、ミクロ経済学の実証研究では、直感的には思ってもみなかった結果が示されることもあります。先に触れたように、インドで成人女性の賃金を引き上げたところ、代わりに家事を担う女の子の学習機会を奪い、むしろ将来にわたるジェンダー格差につながった例もあります。これは、同じような制度を導入しても、同じような効果になるとは限らない一例です。条件が違えば、一国の成功例が他国で成功するとは限りません。この例では、背景にある家事労働の負担などを考慮する必要があります。

日本の改正「育児・介護休業法」など、ジェンダー格差解消を意図した法律や制度はこれまでにもたくさん立法化されました。これらは、本当にジェンダー格差解消につながっているのでしょうか。因果関係を意識すると、ジェンダー格差解消を意図した制度だからといって、もともと意図した結果につながるわけではないといったこともみえてきます。むしろ逆の結果になることもあります。次章以降ではこういった実証研究も紹介していきます。

第1章　経済発展と女性の労働参加

女性の労働参加と一国の経済成長・貧困削減のあいだには、一般に正の関係があるといわれています。[146]「持続可能な開発目標」（SDGs）の達成目標5の4は、家事労働も評価されるべきといっています。個人的にも、家事労働は労働に含まれるべきだと思います。ただし、これから述べていく労働参加は、金銭的な対価があるものだけを指すことにします。また、経済学でいう労働参加は、労働する意欲があって求職している失業中のものも含みますが（巻末の用語解説を参照）、ここでは主に実際に仕事をして対価を得、家計に金銭的に貢献しているものを意味することにします。

女性の労働参加と経済成長のあいだには正の関係があるようですが、あくまで相関関係です。女性が労働参加することが、経済の発展につながるという因果関係を必ずしも意味していません。因果関係のエビデンスが少ないにもかかわらず、あたかもそこに因果関係があるかのような主張が目立つような気がするのは、筆者だけではないでしょう。

両者の関係については、経済が発展すると女性の労働参加が進むという逆の因果関係のほうが理解しやすいでしょう。経済が発展すると、女性の教育水準が高くなり、家庭用電化製品の発達など家事労働に代替する手段が豊富になり、少子化に向かい、サービス産業の発展、産休育休制度の充実など、女性が労働参加しやすい条件がそろうからです[73、113]。

重要なのは、女性が労働参加すれば経済成長・貧困削減につながると必ずしもいえないことです。この章で紹介する多くの研究も、経済が発展すると女性の労働参加が進むという逆の因果関係を示しています。

この章では、経済の発展と女性の労働参加との関係についての研究を紹介していきます。なお、少子化との関係については、女性の結婚、性や出産に関する権利、育児と労働参加との関連で、第6章、第7章、第8章でより詳しく扱います。

1 産業構造の変化がもたらしたもの

女性は頭を使う仕事で優位なのか

経済が発展するにしたがい、農業から製造業、そしてサービス業へと産業構造が変化するパターンは多くの国でみられます。このように産業構造が変化するだけで女性の労働参加につながることは、理論的には以下のように説明することができます[69]。

一般的に農業や製造業は、サービス業に比べて肉体的な力が必要とされます。一方で、男性は一般的に、女性に比べて肉体的な力を必要とする仕事（＝力仕事）に「比較優位」をもっています。経済が発展し、サービス業の占める割合が大きくなって資本が蓄積されると、頭脳をより使う仕事に対する収益率が相対的に上昇します。他方で、女性は力仕事よりは、頭脳を使う仕事に比較優位をもっています。

このように述べると、男性より女性が賢いように聞こえるかもしれませんが、比較優位の意味するところはそうではありません。この誤解は、比較優位という用語が、しばしば誤用されることからきています。この本では、比較優位の正しい理解がなくても大丈夫ですが、経済学で使う本来の比較優位を理解したい方は、巻末の用語解説を参照してください。

経済の発展によって産業構造が変化し、頭脳を使う仕事の収益率が相対的に上昇すると、頭脳を使う仕事に比較優位をもっている女性の労働収益率、そして賃金が相対的に上昇します。このため、男女の賃金格差は減少します。これにより、さらに女性の労働参加が促されます。これが産業構造の変化が女性の労働参加を促す仕組みです。

このことを実証した研究があります。[128] 経済が成長するにつれ、力仕事がより必要な産業（農業など）に比較して頭脳をより使う産業（サービス業など）が成長し、後者のほうが教育投資に対する収益率が高い場合、後者に比較優位をもつ女性の教育水準が男性のそれを超える可能性があります。

実際に途上国を含めた多くの国で、女性の教育水準が男性のそれを超えつつあるか、すでに超えています。先進国に限っては、先述したように大卒の割合が女性より男性のほうが高い国はもはや日本だけです（0－3）。これはサービス産業の発展、比較すればサービス産業がより頭を使う仕事であること、女性と男性がそれぞれもつ比較優位といったことで、整合的な説明が可能です。

労働市場、男女教育の逆転現象も

女性が比較優位をもったり、女性が主に従事する産業が発展すると、男女の労働参加およびそのための教育投資に男女の逆転現象が起きるというエビデンスを示した研究[121]を紹介しましょう。これは、イェール大学のカイヴァン・ムンシ教授とマーク・ローゼンツワイグ教授による研究です。とりわけローゼンツワイグ教授は、同大学の経済成長センター所長を務め、世界でもっとも著名な開発経済学者のひとりです。

インドはグローバリゼーションの流れのなかで、サービス産業が発展しました。最先端のIT産業だけでなく、それに付随してビジネス・プロセス・アウトソーシング（BPO）も盛んになりました。BPOビジネスの典型例が、テレホン・オペレータやデータ入力などです。いずれにしても、英語圏先進国からのアウトソーシングなので、英語を話すことが必須《ひっす》の職種です。このような新しい就業機会が生まれた地域では、英語教育への投資収益率が上昇し、親には子どもたちに熱心に英語教育をするインセンティブが生まれます。

インドでは、伝統的なカーストおよびそれに付随するネットワークによって、男子は職業選択の自由がいまだに限られています。ところが女子にはそういったしがらみが少ないため、女子のほうがテレホン・オペレータなど新しい職種に就業しやすい状況にあります。このような背景から、とりわけカーストによって職業が決まりやすい低い社会階層では、男子より女子の教育水準が高くなりました。

ＢＰＯビジネスは、金融エリートや最先端のＩＴ産業など男性が多数を占めている産業と比べたら、低賃金の労働には違いないでしょう。しかし、少なくともカースト下位のなかでは、男性より女性のほうがいい仕事に就いて稼ぐという、労働市場における逆転現象がみられるのです。

グローバリゼーションの流れのなかで、これまでになかった新しい産業の登場により、数千年も続く[120]カーストや男女の格差まで乗り越えるのは、とても心が躍る話でしょう。人類の歴史からみれば、本当にごく最近に、男女をはじめとしたもろもろの格差をひっくり返す大きな変化が起きつつある一例です。

2　家事労働の軽減が促したのか

家庭用電化製品の普及

経済が発展し便利な家庭用電化製品が開発されると、女性が従来担ってきた家事労働を代替するようになり、女性の余暇時間が増えたことのほか、労働参加につながったこともよく指摘されます。

労働経済学では、人びとの活動する時間についてもっとも単純化すると、お金を稼ぐ労働時間か、余暇時間かの二者択一で考えます。そこに、「家庭内生産モデル（Household Production Model）」における家事労働時間を考慮すると、労働時間と余暇時間は二者択一ではなくなります。

従来の経済学は、家庭を、財やサービスを市場で買って消費するだけの主体とみなしてきました。家庭内生産モデルは、購入した財やサービスと家族の貴重な時間を使って、家庭料理や健康といった市場では取り引きされないものを生み出す、つまり家庭も「生産」しているという概念を取り入れた家族の経済学の中核となる理論的枠組みです。

ゲイリー・ベッカーの家庭内生産モデルを応用して、家電の発達と男女賃金格差の減少が女性の労働参加を促したことを理論化した研究があります[81]。この研究は、理論化したうえで、

1−1　アメリカにおける家電の価格と男女賃金格差の減少および女性の労働参加率、1900〜90年

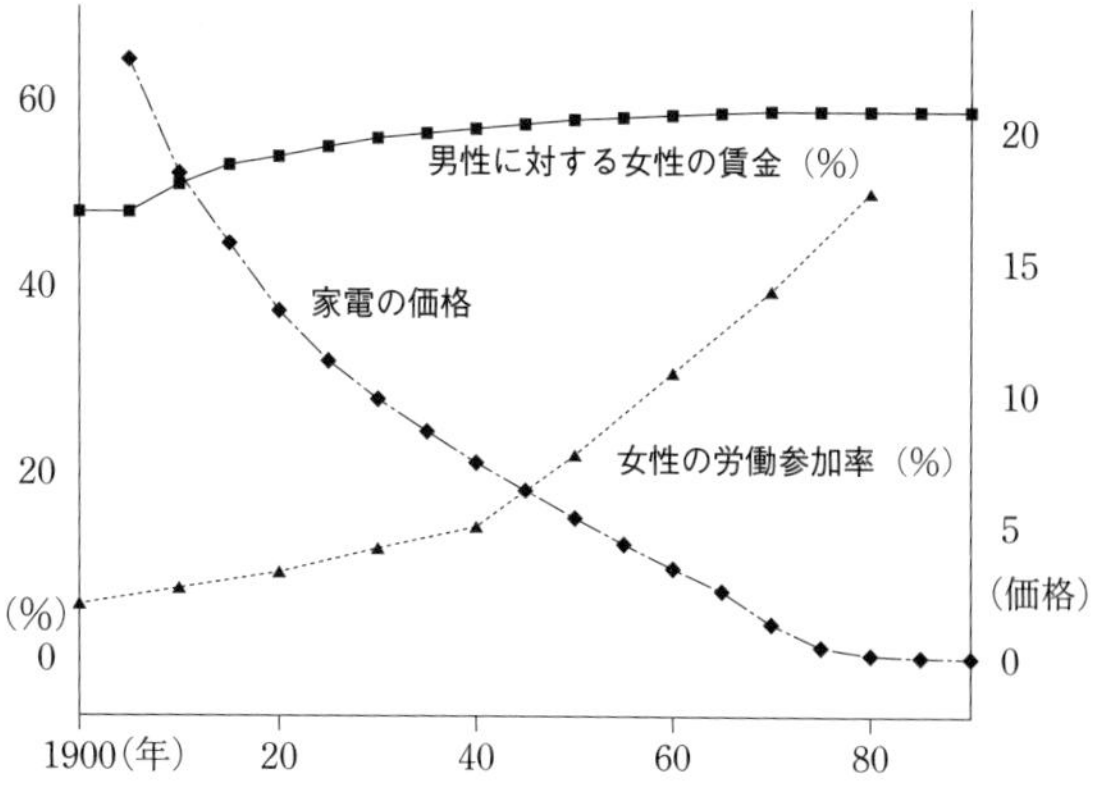

出典：Greenwood et al.（2005）の Figure 8 をもとに筆者作成。

アメリカで二〇世紀に女性の労働参加が増えた理由の半分以上は、家電の発達が家事労働を代替したことで説明できることを示しました（1−1）。このことは、アメリカに限ったことではなく、ほかの国でも当てはまりそうです。

この研究は、実際のデータと理論モデルとの当てはまりをみたもので、特定の因果関係を証明してはいません。家電購入＝A、女性の労働参加＝Bに関する家計データをみたときに、家電を購入した家庭ほど女性が労働参加していたというだけでは、A→Bの因果関係があるとみなすことは正しくありません。なぜなら、家電購入の背景には、その家庭の豊かさや、データでは測りにくいその家庭の先進性＝Cといったものがあり、それが女性の労働参加に影響を与えるからです（1−2）。

途上国についてもっといえば、家電の購入以

1−2　家電の普及と女性の労働参加との関係

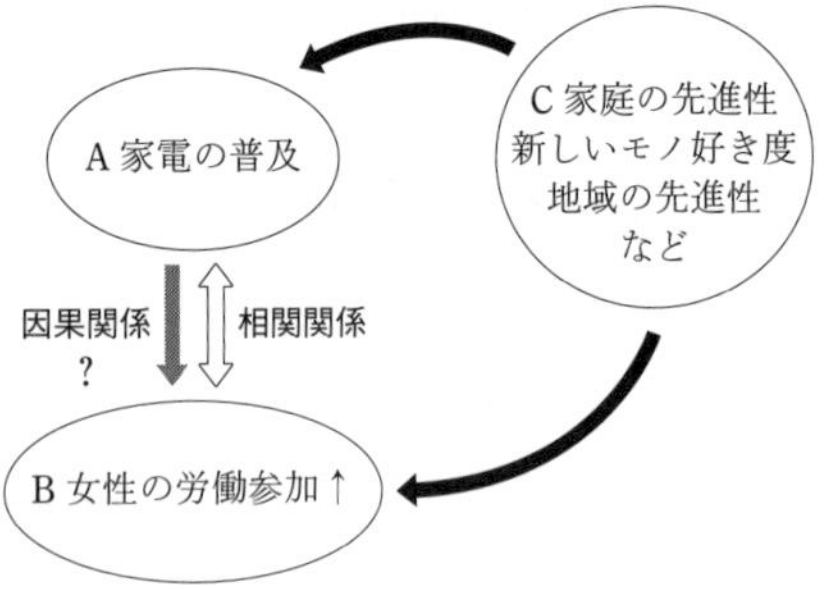

出典：筆者作成。

前に、インフラ建設が、天から突然降って湧いたように決まることは考えにくいです。どの地域を優先的に電化するかは、その地域の豊かさ、先進性、政治力といったものに影響を受けるでしょう。地域の豊かさ、先進性、政治力といったものが、個々の家庭の女性の労働参加に影響を与えることは十分ありえます。

また、時代の変化とともに家電の購入も女性の労働参加も進むので、単に同時に起こっている変化かもしれません。したがって、家電を買うことと、女性の労働参加とのあいだには正の相関はあるでしょうが、因果関係があるとは限りません。

女性が働くようになるのか

アパルトヘイト後の南アフリカのデータを用いて、電化とそれにつながる家事労働の負担軽減が女性の労働参加を促したことを示した研究があります[48]。ここでいう電化は、全自動洗濯機や食洗器の購入といったような先進国に住む私たちが思い浮かべるものではありません。家の灯《あか》りや調理に関して、電化によって従来の薪《まき》を集めて火を起こす必要がなくなったという次元です。

この研究では、土地の勾配《こうばい》、つまり斜面の程度によってどこが先に電化されるかが影響を受けることに着目し、統計的手法を用いて因果関係を証明しました。土地の勾配を天から降って湧いたと考え（外生変数）利用したのです。

途上国では、電化以外にも経済が発展し家事労働の負担が軽減されることで、女性の労働参加を促すことが考えられます。たとえば、水道や水汲《みずく》みポンプの発達です。一般的に水汲みの仕事の多くは女性が担ってきました。これらの地域における水インフラの発達が、女性の労働参加を促すことが想像できるからです。

しかし、この点を検証した研究では、水インフラの発展が女性の労働参加を促したというエビデンスを示すことはできませんでした[46,117]。これらの研究では、RCTのほか、「差分の差分法」（用語解説を参照）によって因果関係を証明しようとしました。家事労働の軽減は必ずしも女性の労働参加という結果につながってはいないことを示したといえるでしょう。

こういった研究は、しばしば私たちの直感と反するエビデンスを示すため、政策議論ではとても貴重です。思いつきですと、女性の社会進出を促すから、水インフラの整備をしよう、という政策が生まれるかもしれません。しかし、このような研究が示唆するのは、女性の労働参加が水インフラの整備の結果促されたわけではないことです。そもそも女性が労働参加するような意識の高い地域では、水やそのほかのインフラを整備する意識も高いでしょう。

意識が低い地域で、突然降って湧いたような政策で水インフラを整備したところで、女性の労働参加が促される保証はどこにもないのです。

もちろん、水インフラの整備自体は、公衆衛生など、女性の社会進出と関係なく重要なことです。しかし、もし政策の意図が女性の労働参加促進のみであれば、水インフラの整備は的外れといわざるをえません。

3　経済成長とU字の関係——社会規範と男性の稼ぎ

中所得国の労働参加率は低い

これまで女性の労働参加と経済成長の関係についてみてきました。少なくとも、経済成長すると女性が労働参加するようになったという関係は、複数国間のデータでみることができます。産業構造の変化、女性の教育水準の向上、家電の発達、少子化、託児サービスの充実といった経済成長とともに進んでいきそうなことが、女性の社会進出を促すことは直感的にもわかりやすいでしょう。

ところが、経済成長もしくは女性の教育水準と女性の労働参加とのあいだには、全体を俯《ふ》瞰《かん》してみるとたしかに正の相関があるのですが、足並みをそろえて右上がりに上昇してきたわけではありません。

1−3　複数国間データでみたときの経済成長と女性の労働参加との関係、2019年

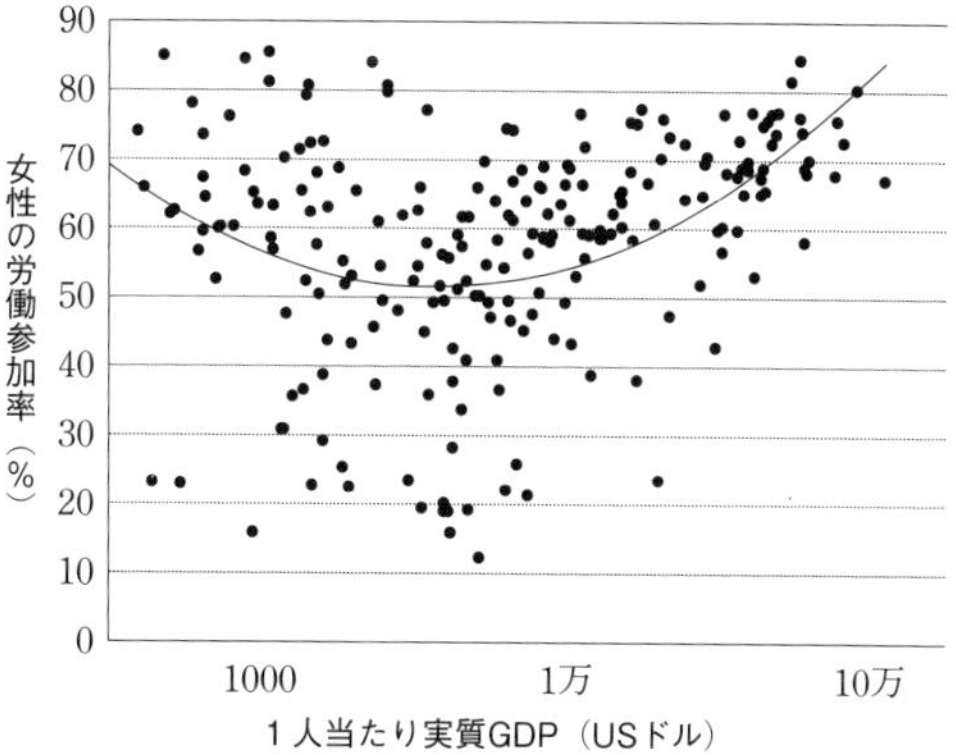

注：横軸は１人当たり実質GDP（2015年USドル価格）。縦軸は15歳から64歳の女性のうち、ILO基準により労働参加している女性の割合。
出典：世界銀行開発指標（https://databank.worldbank.org/source/world-development-indicators）より筆者作成。

経済成長と女性の教育水準は、ずっと右上がりに上昇してきました。かたや女性の労働参加は、経済成長に対してU字の関係にあることが示されます（1−3）。たしかに全体としては右上がりなのですが、近似曲線（複数データのなるべく近くを通るように引いた曲線）を描くとU字の関係となります。複数国間のデータをみると、先進国と貧しい国では女性の労働参加率は高いのですが、中所得国で女性の労働参加率が低くなる傾向にあります。

たしかに女性の労働参加と経済成長・貧困削減のあいだには、正の相関がみられます。ところが、南アジア諸国ではこのような正の関係がみられず、しばしば不可解だといわれてきました。

1−4　インドの経済成長と女性の労働参加、1990〜2020年

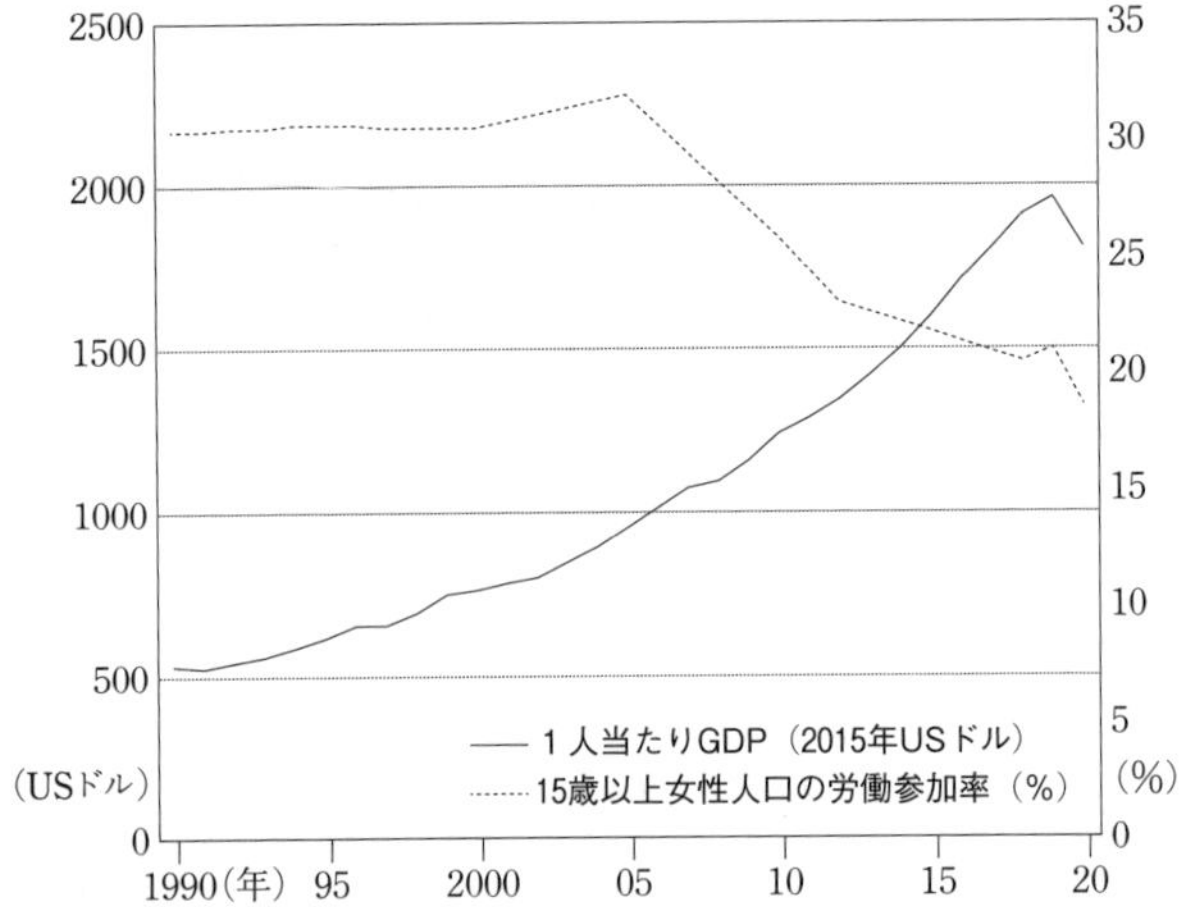

出典：World Development Indicator (https://data.worldbank.org/) をもとに筆者作成。

たとえば、一九九一年に経済構造改革に乗り出してからのインドの経済成長はめざましいものがありましたが、女性の労働参加率は上昇どころか減少に転じています[144]（1−4）。二〇一九年における女性の労働参加率は二〇・八%で、その傾向は現在まで続いています。

すでに、1−3におけるU字の底を抜けてしまった先進国からみると、経済成長と女性の労働参加はずっと右上がりのような印象があり、そのため不可解に映るのかもしれません。しかし、経済成長と実際の女性の労働参加は、つねに一緒に右上がりに上昇してはいません。

一国内でみても同様のU字を示している国がたくさんあります。所得の高い層と貧困層では女性の労働参加率が高く、中間層

で女性の労働参加率が落ち込む現象です。主に、南アジアや中東・北アフリカ諸国など、複数国間でみたときにU字の底にあるような国が、国内でも、所得と女性の労働参加率とのあいだに似たようなU字の関係を示す傾向にあるようです。

それは女性の教育水準と女性の労働参加率との関係でもいえます。インドのデータを使って1−5に表してみました。ここでもやはり、女性の教育水準と労働参加率とのあいだに、U字の関係があります。中等教育修了レベル（日本の高卒）で、もっとも女性の労働参加率が低くなっています。

1−5　インドの女性の教育水準と労働参加との関係

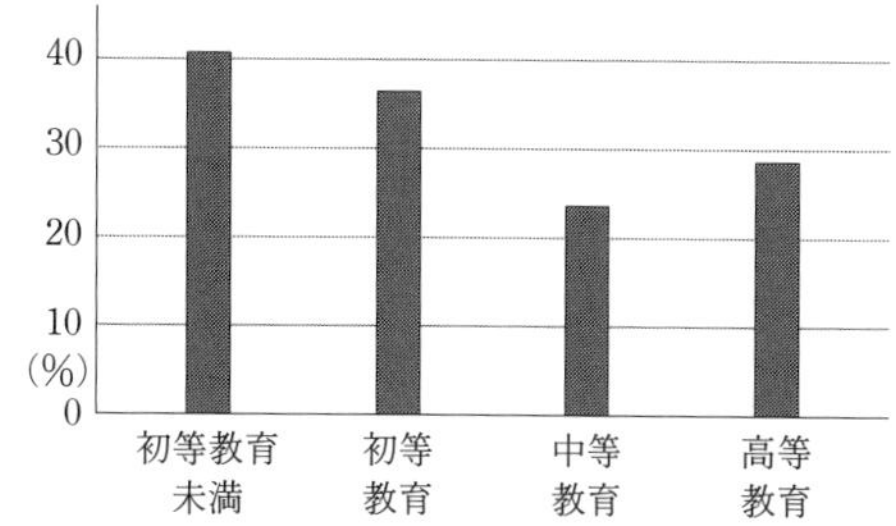

注：横軸は既婚女性（15〜49歳）の教育水準のカテゴリーを表す。中等教育とは、日本での高校、高等教育は短大・大学。縦軸は各教育カテゴリーごとに過去1年に働いている女性の割合。
出典：2015-2016インドDHSデータ（https://dhsprogram.com/data/）より筆者作成。

インドで女性の労働参加を妨げる大きな要因として、女性が親族以外の男性と接触することをよしとしない、南アジア特有の慣習がしばしば指摘されています。同様の慣習は、イスラム圏の中東・北アフリカ諸国でもあり、実際にこれらの地域の女性の労働参加率はすべて低いです[95]。これらの地域では、女性が外で働くことをよしとしない社会規範が根強くあります。中東・北アフリカ諸国の女性の労働参加率は、むしろ南アジア諸国以上に低いのですが、同テーマを扱った研究はインドを対象にしていることが多いので、インドをはじめとした南アジアが注目される傾向にあります。

このように、社会規範が女性の労働参加を妨げていることは、地域に特殊な事情にもみえます。しかし、アメリカのような先進国でも、近年まで、女性が外で働くことはあまりよく思われていませんでした[74]。実は人類にとって、時代が違うだけで、普遍的な規範なのかもしれません。社会規範と女性の労働参加との関係については、第5章で詳細に触れたいと思います。

男性の稼ぎとの関係

経済成長するインドで女性の労働参加率が低いのは、一見したところこれらの文化、地域に特有な慣習を考えればしっくりくるように思えます。しかし、もっと普遍的でわかりやすい経済学的な説明も可能です。

たとえば、インド農村では近年、男性の就業が安定し賃金が上昇しており、日本の高度経済成長期に女性が専業主婦となって家計を支えたのと、同じようなメカニズムが働いている可能性です[11、97、118]。

この現象については、労働経済学の立場からは「所得効果」が「代替効果」を上回っているからと説明できます。この場合の所得効果とは、家庭全体、主に男性の働き手による所得向上を指します。代替効果とは、女性の賃金が上昇することで女性の労働参加を促すことを指します。代替効果について労働経済学の用語を使ってさらに詳しく説明すると、女性の賃金が上昇すると、働かないことのコストも上昇します。働かないことのコストは「機会費用」といい、働けば得られたであろう所得、つまり「逸失利益」です。機会費用については第6章でも触れます。

労働経済学の説明によれば、経済が貧しい水準のときには、所得の向上にともなって、所得効果のほうが強く働き、女性が外で働かなくてもよくなります。ところが、ある程度経済が豊かになると、今度は代替効果のほうが強く働き、女性が外で働かないと機会費用が大きすぎる、平たくいえば損だということになり、女性の労働参加が促されるのです。

＊

女性の労働参加と一国の経済成長とのあいだには、インドや中東・北アフリカ諸国のような例外を除けば正の相関があります。しかし、因果関係は必ずしも明らかにはなっていません。日本の場合も、女性の労働参加が進めば経済成長につながるとまではいえません。しかしその推定は試みられています。

日本の女性の多くは、労働参加はしていてもパートタイム労働で、社会保障がないなど、男性に比べて不安定で賃金が低い就業形態です。女性は男性と同等の能力があっても、本人が望むと望まざるとにかかわらず昇進しづらいなど、広い意味で不完全雇用の状態にあるといっていいでしょう。日本の男女格差の実態をみるには、就業しているかどうかよりは、フルタイムで働いているかどうかをみたほうが妥当でしょう。

国際通貨基金（ＩＭＦ）の報告書によると、女性が男性並みに働くと、日本のＧＤＰ（国内総生産）は九％上昇するとのことです。[56]また同報告書は、ほかのＧ７諸国平均並みに女性が労働参加すれば、一人当たりＧＤＰが長期的にみて四％上昇するとの試算も出しています。ただ、複数国間のデータから試算しているだけなので因果関係ははっきりしていません。

少子化が待ったなしの状況にあり、ますます労働力が不足する日本では、女性の労働力の活用は非常に重要な課題です。しかし、労働力不足を補うという意味での労働参加は、エンパワーメント、究極的には女性が活躍し幸福を感じられる社会の実現とは結びつきにくいかもしれません。

先に触れましたが、インドをはじめとした南アジアや中東・北アフリカ諸国の貧困層にみられるように、必要に迫られての労働参加はよしと思われないどころか、むしろ恥と思われて女性のエンパワーメントとは縁遠い可能性が高いからです。次章では、女性の労働参加とエンパワーメントとの関係をみていきましょう。

第2章　女性の労働参加は何をもたらすか

女性の労働参加と一国の経済成長・貧困削減の関係と同様に、女性の労働参加と女性個人のエンパワーメントも、正の関係にあるとされています[53]。繰り返しますが、エンパワーメントとは、自身の人生をコントロールできることと広く理解されています。女性が、進路、就職、結婚、出産など、人生の大きな分岐点だけでなく、日常生活のあらゆることに対して、自由に決められ、自己実現を感じられることが、エンパワーメントが実現した状態といえるでしょう。

実証経済学では、女性のエンパワーメントの度合いをどのように指標にできるかに取り組んできました。たとえば、女性の意思決定権、自律性、行動の自由、強要からの自由などの指標を挙げることができます。自律性とは、他者からの支配を受けず、自己の立てた規律に従って意思決定・行動することを指します。

家庭内交渉力など直接的かつ広く認められている指標もあれば、間接的に、もしくは解釈によってエンパワーメントの指標とみなされるものもあります。各国・地域に特有な指標もあるでしょう。エンパワーメントを指標で測ることによって、女性が労働参加したらエンパワーメントにつながるのかといった因果関係のエビデンスを示すこともできるようになります。

ただし、ここでも、序章でみたような、逆の因果関係と第三の原因による見せかけの因果関係には注意が必要です。

逆の因果関係とは、たとえば、自律性が高く意思決定権のある女性ほど、労働参加することです。第三の原因には、女性の両親の先進性などが考えられます。先進的な親であるほど、娘に労働参加も促すでしょうし、そのような親のもとで育った娘は自律性も高いでしょう。この場合は、親の先進性が原因となって、娘の労働参加、および自律性の向上という結果をもたらしています。この二つの結果には正の関係がありますが、女性の労働参加が自律性を高めているわけではありません。

では、女性の労働参加がエンパワーメントをもたらすという因果関係のエビデンスがなぜ重要なのでしょうか。

それは女性のエンパワーメントを最終目的とするときに、そのための政策が異なってくるからです。因果関係がないにもかかわらず、女性のエンパワーメントをもたらす目的で、女性の労働参加を推進してもあまり効果はありません。

この章ではさまざまなエンパワーメントの指標と、女性の労働参加との関係、因果関係のエビデンスを紹介していきます。

1　強化される家庭内交渉力

ほかの選択肢があるか否か

女性のエンパワーメントについては家庭内交渉力で測ることがあります。実証研究では、家庭内交渉力を測る変数として、女性の意思決定権、自律性、行動の自由など数値化できるものが用いられています。家庭内交渉力はエンパワーメントの指標と同じような意味で扱われることが多いようです。

家族の経済学では、家庭を一単位としてひとつの意思決定を行う主体とみなす従来の経済学から発展し、家族の構成員一人ひとりを意思決定主体として分析します。限られた金銭や時間や財をどのように家族間で分け合うかは、各人の交渉力によります。理論上、ほかの家族の協力なしに選べる選択肢がある人ほど、つまり交渉決裂時に得られるものが大きい人ほど、家庭内交渉力が強まることが知られています[58、105、114、116]。

家族の経済学の用語で、ほかの選択肢を「アウトサイドオプション」、この家庭内交渉力を説明する理論を「家庭内バーゲニングモデル」と呼びます。アウトサイドオプションの典型例は、結婚解消、つまり離婚したときに得られる利得です。ほかにも離婚せずに実家に帰ることや、家庭内で非協力的になることも含みます。

ちなみに、ほかの選択肢は交渉に使うためにあるので、実際に離婚するかしないかは問題ではありません。ただ、それが現実的な選択肢でなければなりません。なぜなら、交渉では現実的にありうることを脅しとして利用することで、より交渉を優位にもっていくことができるからです。逆に、相手が離婚なんてできるわけないと思っているような場合は、交渉力は弱くなります。

労働参加によって自分の稼ぎがある女性ほど、ほかの選択肢がより現実味を帯びるでしょう。高収入の女性のほうが、実際に離婚するかどうかは別として、離婚するハードルは低くなります。ただ、所得の高い女性ほど家庭内交渉力が強いというデータをみただけで、女性の稼ぎが原因となって家庭内交渉力を強めたという因果関係があるとみなすことは正しくありません。

繰り返しになりますが、家庭内交渉力がある女性ほど、とりわけ、もともと自己決定権があり自律性が高い女性ほど、労働参加しやすく稼ぎも大きい傾向にあるからです。女性が労働参加していることと、自己決定権が高いことの相関関係を示した研究はいくつかあります[47]が、多くは因果関係の方向性を明らかにしていません。

なぜ家庭内交渉力を強めるのか

女性の労働参加にも家庭内交渉力にも同時に影響を与える第三の要因がある場合、女性の労働参加が家庭内交渉力の強化をもたらしているかのような見せかけの因果関係を生み出します。この場合に、女性の労働参加が家庭内交渉力を強めるという因果関係のエビデンスを示すにはどうしたらよいのでしょうか。

序章で触れたシワン・アンダーソンと、ブリティッシュコロンビア大学の同僚でかつ開発経済学の重鎮であるムケシュ・エスワラン名誉教授は、バングラデシュ農村のデータを使い、女性の労働参加が、女性の自律性や自己決定権を向上させることを示しました[10]。

彼らは、直近に家庭が受けた経済的および健康に関するショックを、女性の労働参加に影響を与える外部からの要因として利用しました。一家庭の与り知らぬところで発生した偶発的な事象が、ある程度女性の労働参加に影響を与えることがわかれば、統計学的な手法を用いることで因果関係のエビデンスを示すことが可能となります。

彼らの研究で興味深いのは、家族所有農地での労働など、夫の影響が及ぶ範囲での労働に従事するだけでは、女性の自律性の上昇がみられないことです。要するに、無償労働やファミリービジネスにおける労働では女性のエンパワーメントにつながらず、家庭の外で女性自らが稼ぐ必要があることを示唆しています。夫から独立した仕事に従事し、自ら稼いで生活能力があることによって、離婚が現実的な選択肢になり、理論とも整合的です。

インドのデータを使って、労働市場で決定される女性の賃金が高いほど、女性の意思決定権や自律性を高めることを示した研究もあります[132]。この研究は、賃金がエンパワーメントに与える影響は、パルダ（親族以外の男性との接触をよしとしない女性隔離の風習）やイトコ婚の慣習など、文化的な要因より大きいことも示しました。

この研究は、現在の日本の状況に対しても示唆に富んでいます。日本が欧米諸国よりもジェンダー格差が大きく、女性のエンパワーメント達成度が低いのは、文化だから仕方ないという言い訳が通用しなくなるからです。文化的な要因よりも、女性が社会進出しているか、稼いでいるかが、女性のエンパワーメントに与える影響が大きいならば、政策的な解決が可能となります。

家庭内交渉力を説明する家庭内バーゲニングモデルでは、離婚のようなアウトサイドオプション、つまりほかの選択肢が有効なためには、先述したように実際に離婚するかどうかは重要ではありません。その選択肢がありうるというもっともらしさが重要です。同様に、実際に女性が労働参加しているかどうかも重要ではありません。労働参加が十分ありうる選択肢とみなされるかどうかが重要なのです。

実際に女性が労働参加しているかどうかにかかわらず、女性の就業機会が上がるだけで、女性の家庭内意思決定権が上昇することを、メキシコのデータを使って示した実証研究もあります[108]。この研究は、男性に比べて女性の労働需要が上昇、つまり女性向け求職が増えると、女性が家計の大きな支出、避妊法、子どもの健康などについて大きな決定権をもつことを示しました。

2　性比と児童婚――女の子たちをめぐる危機

女性と男性の人口比

性比とは女性と男性の人口比のことです。ジェンダー・ギャップ指数では男性に対する女性人口の割合と定義していますが、通常は女性に対する男性人口の割合を指すことが多く、この本でも後者にならいます。

男女産み分けや性選択的中絶がなければ、医学的には男の子が生まれる確率は女の子が生まれる確率より少々高く、出生時における自然な性比は約一・〇五です。また、人口全体でみた場合には、乳幼児死亡率などは男の子のほうが高く、女性のほうが長生きするために、自然な状態での性比は約一・〇一です。

この性比が極端に高い、つまり女性の人口が不自然に少ない国は、世界人口一位と二位のインドと中国です。世界銀行のデータからは、サハラ以南のアフリカ諸国は、むしろ性比のバランスがとれており、貧困が問題ではないことがわかります。

中国では、一九七九年から二〇一五年まで実施された一人っ子政策と、男児を好む文化から、性選択的中絶によって男児が増えたことが背景にあるとされます。ただし、最新の実証研究は、一人っ子政策よりは、ほぼ同時期に始まった農業改革によって農民が余剰生産物を自由に販売できるようになったことが原因だと示しています[5]。

つまり、所得が上昇した農村家庭が、決して安くないコストを負担して都市に出向き、男の子を選別して産むことが可能になったというわけです。

インドでは、ダウリー（結婚の際に花嫁が花婿とその家族向けに持参する金銭・資産）の慣習と男児を好む文化から、男児を選ぶ性選択的中絶がその一因とされます。また、中絶などが利用できない農村や貧困家庭では、女児が生まれると伝統的な助産師による女児殺害も一因といわれています。さらには、女児のほうが栄養状態が悪い、病気になったときに医療機関にかかりにくいといったことから、結果的に女児のほうが死亡率が高く人口が減るということもあるでしょう。

性選択的中絶はインドでは違法です。しかし「五〇〇ルピーをいま（中絶費用として）払うのか、五万ルピーをのちほど（ダウリーとして）払うのか」という産婦人科の広告さえありました[99]。

不自然に女性人口が少ないことは、すでに一九世紀末頃からインドの北部州などではみられたようです[42]。一九九八年ノーベル経済学賞を受賞したアマルティア・センが、「ミッシング・ウーマン現象[137]」として指摘してから、より注目を浴びるようになりました。性比は女性の生存確率をストレートに表す指標なので、女性のエンパワーメントを表す究極のかたちといえます。

女性の生存確率を上げるためには

一九八〇年代に、先に触れたマーク・ローゼンツワイグと、人口経済学の先駆者でイェール大学名誉教授のポール・シュルツの研究が、女性の労働参加率が相対的に高いことが予想される地域では、女児の生存率が上昇し性比も下がることを示しました[135]。彼らの研究では、どのように因果関係を示したのでしょうか。

女性の労働参加に天から降って湧いたように影響を与える要因として、村内に女性が働けるような工場や零細企業があるかどうか、村より広い行政区内の男性、女性それぞれの農業労働者賃金の平均を使用しました。統計学的な手法を用いて、女性の労働参加が彼女たちの生存確率を上げるという因果関係を示しました。

ノースウェスタン大学のナンシー・チエン教授は、女性が労働参加すると、しかもより稼ぐと性比が下がる、つまり女性の生存確率が上がることを示しました[131]。

より稼ぐ仕事に就いている女性ほど生存確率が高いことがデータからわかったとしても、女性がより稼ぐと、重宝されて生存確率が上がるという因果関係を示したことにはなりません。

なぜなら、もともと女性の人権意識が高い家庭や地域ほど、女性の生存確率は上がりますし、同時に女性の社会進出が進みより稼いでいるからです。また、女性の労働参加率と生存確率の上昇が、単に経済の成長とともに同時に起こっており、相関しているだけかもしれません。因果関係の証明には、天から降って湧いた理由により、女性の労働参加率が低かったグループとの比較が必要です。

チエンの研究では、歴史的に中国の農村をみたときに、男性と女性がそれぞれどういった作物の栽培に向いているかに着目します。そこに天から降ってきたように収益が増加した自然実験を探してきて、性比がどのように変化したかをみました。

一般的に、男性はより力仕事が必要な果樹収穫に比較優位をもつ一方で、女性はより繊細な手作業が必要な茶摘みに比較優位をもちます。一九七〇年代後半に中国の改革・開放政策という農村の外で天から降って湧いたように生じた出来事によって、果樹や茶といった換金作物の収益が同じように上昇しました。

このとき、改革・開放政策以前には極端に高かった性比が、茶の栽培地域では下がりました。その一方で、果樹の栽培地域ではそのような変化はみられませんでした。これは、女性の稼ぎが多ければ、つまり家庭への金銭的貢献が高いために女性がより重宝されれば、女性の生存権がより保障されやすいという因果関係を示したエビデンスといえます。

同様に、男性と女性にそれぞれより向いている農作業と、そういった農作業に適した土壌がどうかは、農民本人たちの与り知らないところで決まっているとみなし、土壌の違いによって性比を説明しようとした研究もあります[39]。土壌の違いだけで、なぜ性比の違いが表れるのでしょうか。この研究では、土壌の違いによって生まれる男性と女性の相対的な労働生産性に着目します。

具体的には、粘土成分が少ない、より深耕《しんこう》に向いた土壌の地域では、より力仕事が必要なために、男性の労働力の価値および労働生産性が、女性のそれに比べて相対的に高くなります。この研究はインドのデータを使い、より深耕に向いた土壌の地域では、性比が極端に高い、つまり女性の生存確率が下がることを示したのです。

若い女性の五人に一人

児童婚は、国際的には一八歳未満の結婚と定義されます。ユニセフによると世界中の二〇～二四歳の女性のうち、五人に一人が児童婚の対象です[142]。圧倒的にサハラ以南のアフリカの問題ですが（2‐1）、南アジアでもバングラデシュがワースト一〇に入っています。

児童婚には、女性の教育機会を奪う、女性が婚家の言いなりになりやすい、家庭内暴力も起こりやすいといったさまざまな悪影響が指摘されています[63、91]。児童婚は、早すぎる妊娠につながりやすいため、母子ともの健康状態を悪化させることもわかっています。このため多くの国は法律によって児童婚を禁止していますが、いわゆるザル法であることもよく知られています。

2−1　サハラ以南のアフリカ諸国における児童婚の割合

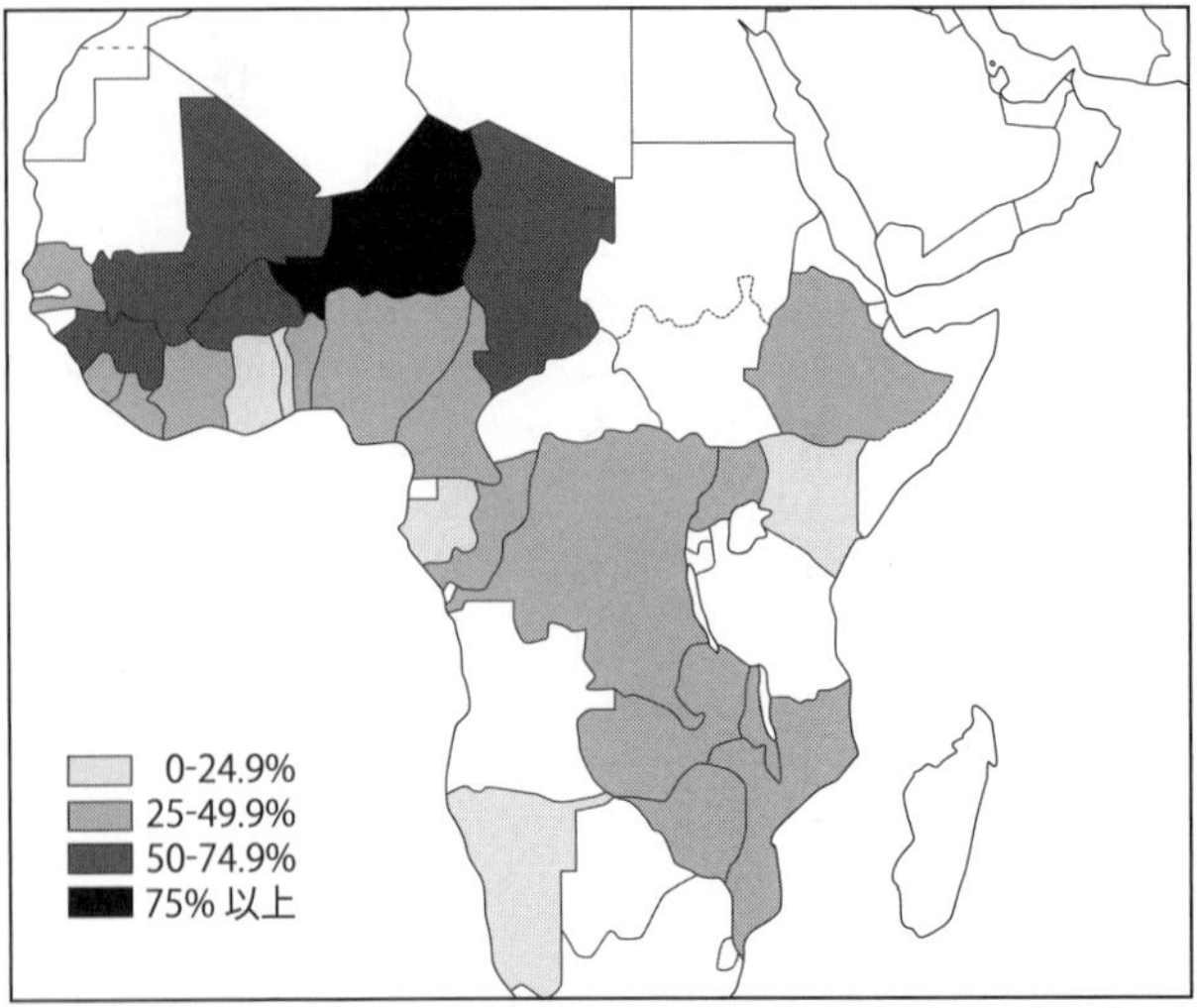

出典：UNFPAウェブサイト（https://www.unfpa.org/child-marrige）2022年５月24日アクセスより筆者作成。
注：各国20～24歳の女性のうち、18歳未満で結婚した割合を示す。

児童婚の問題を抱えていたり、結婚が本人の意思を考慮せずに決まったりする途上国では、婚期をどれだけ遅らせることができるかが、ティーンエージャーの女の子たちのエンパワーメントの一指標となりえます。ちなみに、児童婚の撲滅は「持続可能な開発目標」（ＳＤＧｓ）の達成目標５の３に掲げられています。

労働参加と児童婚の関係

女子の労働参加と児童婚はどう結びつくのでしょうか。

児童婚の背景に貧困があることは疑いありません。多くの社会では、結婚と同時に花嫁が花婿の家に嫁ぐ父方居住であることが多く、貧困家庭では、早めに娘を嫁に出すことによって食い扶《ぶ》持《ち》を減らすというインセンティブがあるのかもしれません。

とりわけ、女性の労働参加率が低い南アジアや中東・北アフリカ諸国では、十分ありえます。このような国や地域では、すでにみたように女性の労働参加がよく思われておらず、貧困家庭ほど仕方なく女性の労働参加がみられることが多くあります。〔59、97、118、129、141〕このような場合、貧困が遠因となって児童婚と女性の労働参加には正の相関がみられるかもしれません。

あるいは、娘の稼ぎをあてにする親は、娘を嫁に出すことをできるだけ遅らせようと思うかもしれません。この場合は、女子の労働参加が原因となって、婚期が遅れることになります。もしくは、稼ぐことで家族を援助していることを自覚した女子が、結婚について親の言いなりになるのではなく、自ら意思決定に関与できるようになり、婚期を遅らせることになるかもしれません。この場合も、女子の労働参加が児童婚を減らすことにつながります。

ここでも女子の労働参加＝A、児童婚の減少＝Bとして、労働参加している女子ほど婚期が遅いというデータだけをみて、そこにA→Bという因果関係があるとみなすことは正しくありません。なぜなら、女性の労働参加率の上昇と児童婚の減少が、単に経済の発展とともに同時に起こり相関しているだけかもしれないからです。

また、多くの途上国では、そもそも女子の労働参加にしろ結婚にしろ、その両親とりわけ父親が決定権を握っています。この場合、将来の結婚や縁談を踏まえて、娘の労働参加や学校教育の決定をすることは十分考えられます。これは、B→Aという逆の因果関係を意味します。さらに、貧困や社会規範など、第三の要因＝Cが本当の原因となって、C→AとC→Bというように、娘の労働参加も結婚も同時に決めていることもあるでしょう。

とりわけ、南アジアの保守的な地域では、女性の労働参加をよしとしない規範があり、工場などで働くといい縁談がなくなるという話を、筆者は農村のフィールド調査でよく耳にします。まるで明治時代の日本の女工のような話です。

このような場合、社会規範が遠因となって、将来のよい縁談を期待し、また早めに嫁に出すことを考えて、娘の労働参加を見合わせるという意思決定が行われているのかもしれません。あるいは、貧困が遠因となって、娘の労働参加も促されるし、婚期も早めになるということもあるでしょう。このように女子の労働参加と児童婚とのあいだには、さまざまな方向に影響を与える要因が複雑に絡み合っており、因果関係どころか相関関係すらはっきりしないことも多いのです[138]。

児童婚を防ぐには

しかし、最近の研究では、序章で説明したRCT（ランダム化比較試験）や自然実験を用いて、女子が労働参加することで、児童婚を回避したり、婚期を遅らせたりすることにつながるという因果関係を示したエビデンスが示されつつあります。

イェール大学の開発経済学者ロバート・ジェンセン教授は、インド農村で若い女性向けに、新しい就業機会に関する情報を与えるRCTを実施し、このような就業機会が女性の婚期を遅らせるというエビデンスを示しました[90]。

若い女性向けの新しい就業機会とは、先進国からアウトソースされた、データ入力やテレホン・オペレータなどです。これらの業種は、第1章で述べたようにBPOと呼ばれています。

この研究では、いくつかの村をランダムに二つのグループに分けることで、同じような二つのグループをつくり、第一グループには情報を与え、第二グループには何もしないという実験を行いました。もともと二つのグループには大きな違いがなく、ただ新しい就業機会に関する情報を与えられたかどうかが違うだけです。

したがって、結果的に第一グループに第二グループと違う変化があったとすれば、それは就業機会に関する情報、およびそれによってより多くの女子が実際に就業したこと、もしくは就業への期待が高まったことによるとなります。このような推論によって、女性の新しい就業機会かつ実際の就業が彼女たちの婚期を遅らせるというエビデンスを示しました。

ワシントン大学のレイチェル・ヒース准教授とイェール大学のムシュフィク・モバラク教授の研究では、自然実験を利用することで女子の労働参加が婚期の遅れにつながったことを示しました[85]。彼らは自然実験として、バングラデシュにおける縫製工場がものすごい勢いで現れてきたことを利用しています。縫製工場は、通勤圏内にある農村の若い女性たちへの新しい就業機会となり、就業機会がない農村の女性たちに比べて、婚期が遅くなったというエビデンスを示しました。

この研究は、縫製工場の建設を自然実験として利用していますが、工場の建設はまったくランダムに決定しているわけではないので、ＲＣＴに比べると因果関係のエビデンスとしては弱いとの批判があります。

たとえば、将来働いてくれる縫製工をあてにして決定するなら、比較的教育水準が高く、先進的な地域に建設が優先されるでしょう。もしくは、安い賃金で女工を雇うことを見越しているならば、比較的貧困層が多い地域に優先的に建設するでしょう。このような、縫製工場建設の時期と場所に影響を与えそうな要因は、女子の婚期にも影響を与えそうなため、先のジェンセンほど強い因果関係のエビデンスとはいえません。

労働から教育への因果関係とは

教育におけるジェンダー格差は、識字率の違いや初等教育修了率の違い、教育年数の違い、などで測ることができます。この格差が最近になって縮まり、とりわけ先進国では、女性の教育水準が男性のそれを超えたことはすでに第１章でみました。教育を受けた女性は、いろいろな可能性が開かれて自分の人生についての決定権も増すため、教育水準そのものをエンパワーメントの指標とみなすこともできるでしょう。

子どもたちは教育課程を終えたあとに労働参加するため、因果関係をみる場合、教育投資から労働参加を考えるほうが自然にみえるかもしれません。しかし、親は将来の就業機会、自身の子どもの能力などを総合的に判断して、子どもにどれだけの教育投資をするかを決めます。つまり、将来の就業機会から女子の教育水準を決めるという逆の因果関係をみたほうが自然かもしれません。

女性の労働参加見込み＝A、女性の教育水準＝Bとして、A→B、つまり働くことを考えたうえで、教育水準を決めるという因果関係はもちろん可能です。一個人のデータだけをみれば、時系列では教育から労働と逆に現れるなか、A→Bの因果関係のエビデンスを示すにはどうしたらよいのでしょうか。

教育水準を高めるエビデンス

労働参加から教育への因果関係を示すためには、女性の労働参加見込みを左右するような介入実験を行うか、それをあたかも天から降ってきたように決定する自然実験を探してくる必要があります。たとえば、いままでになかったようなスキルを必要とするような就業機会ができたとき、将来の労働参加を見越して、女子の教育水準が高まる傾向にあることが示されています[85、90、121]。いままでなかったようなスキルとは、たとえばある程度の教育水準や英語力などです。インドのBPOビジネスは典型例です。これらはすでに本書で取り上げているので、詳細についてはここでは省きます。

児童婚で挙げたレイチェル・ヒースとムシュフィク・モバラクの研究では、縫製工場という新しい就業機会が、女の子たちの婚期を遅らせたことを示しました。その背景には労働参加そのものでなく将来の就業見込み、つまり、将来稼げる職業に就くという期待と、それを見越した教育投資を指摘しています。とりわけ、稼ぎもよい輸出向け縫製工場の工員に対しては、雇用する側がある程度の教育水準を求めています。

彼らの研究でもっとも婚期を遅らせる効果が高かったのは、一二、三歳の女子についてでした。彼女たちは、就業年齢にも達していないため、実際に働いたことで婚期を遅らせることができたとはいえません。しかし、将来の就業見込みが、その地域に住む女の子たちの教育水準を高めたことを示しました。

3　家庭内暴力を抑えるのか

暴力への影響

女性の労働参加もしくは賃金の上昇と家庭内暴力との関係については、いまだにコンセンサスがありません。女性が労働参加すると、暴力的な夫と過ごす時間が減って、家庭内暴力が減ることもあるでしょう。[54] 反対に、女性の賃金の上昇によって大黒柱としての夫の存在意義が脅かされ、家庭内暴力が増えることもあるでしょう。[107]

家庭内交渉力を説明する家庭内バーゲニングモデルによれば、稼ぎがある妻は離婚というほかの選択肢を使えるため、家庭内暴力につながるということは考えにくいです。[105] しかし、離婚という選択肢が社会的にみて現実的でない場合は、いくら稼ぎがよくても交渉力が強まるわけではなく、家庭内暴力は減らないのかもしれません。

女性の労働参加が家庭内暴力に与える因果関係の証明には、乗り越えなければならない問題（内生性）があります。夫が支配的な家庭ほど、妻が労働参加しにくいことも考えられますし、夫の暴力に耐えかねて妻が働きに出るということも考えられるため、こういった逆の因果関係もあるからです。

また、女性の賃金との関係でいうと、見せかけの因果関係の可能性も高いでしょう。たとえば、賃金が低い女性ほど夫の稼ぎも低く貧困層である可能性が高いのですが、貧困が原因となって家庭内暴力につながっていることも十分に考えられます。

減らす関係、増やす関係

因果関係を厳密に示したこれまでの実証研究は、女性の労働参加もしくは女性の賃金の上昇が家庭内暴力を増やすことも減らすことも示してきました。これは、どちらかはっきりしないというよりは、女性が置かれている状況や環境、慣習によって、女性の労働参加もしくは賃金の上昇が、家庭内暴力を増やしも減らしもするということです。

アメリカのデータを使い、女性の賃金上昇が家庭内暴力を減らすことを示した研究があります[3]。具体的には、女性がより多く従事している産業の賃金の上昇を天から降って湧いたものとみなします。女性個人やその家庭に関係なく、天から降って湧いた変化を正当化するため、各産業の賃金の計算では、個々の女性が住んでいる郡のデータを除き、あくまで産業間の労働需要が相対的に変化した結果であることを強調しています。

他方、レイチェル・ヒースは、バングラデシュのデータを用いて、教育水準が低く、結婚年齢が低いなど、もともと家庭内交渉力が弱そうな女性については、女性の労働参加が家庭内暴力を増やすことを示しました[84]。カイヴァン・ムンシたちも同様に、インドの茶葉収穫に従事する女性の賃金が上昇したとき、カーストの最下層で家庭内暴力が増えたことを示しました[104]。バングラデシュやインドなど南アジアでは、アメリカと比べれば離婚という選択肢が現実的に考えにくいので、アメリカのデータを使った研究と正反対の結論も驚くようなことではないのかもしれません。

*

実証経済学では、エンパワーメントについて家庭内における意思決定権や自律性、行動の自由などで測ってきました。女性が労働参加するとこれらの指標は向上しました。ただ、労働参加といっても無償やファミリービジネスへの従事などでなく、家庭外で稼いでくること、それも稼ぎがよいほど向上することがわかりました。ほかに選択肢があるかないかが、家庭内交渉でものをいうとする家庭内バーゲニングモデルと整合的です。

この章でみたエンパワーメントの指標のなかでは、例外的にネガティブな結果となりうるのは、女性の労働参加が家庭内暴力に与える影響です。ただし、家庭内暴力が増えるか減るかは、ほかの選択肢が現実に十分ありうるかどうかによるという解釈と整合的です。社会的理由などで離婚が現実の選択肢として考えにくければ、交渉手段がないからです。

日本でも家庭内暴力やそれを背景とした児童虐待など、いたましい事件があとを絶ちません。なぜ母親たちは、凄惨《せいさん》な家庭内暴力に耐え、また耐えるどころか、わが子への虐待まで見て見ぬふりをしてしまうのでしょうか。

もちろん個々にはいろいろな事情があるでしょうが、ひとつ共通しているのは、離婚したら経済的にどうやって一人で子どもを育てていくのかという不安があると思います。離婚しても一人でやっていく経済力があるだけで、離婚という選択肢が現実的に考えやすくなることは間違いありません。

もちろん、経済的に自立していても、社会的な制約などで離婚が現実的な選択肢とならない場合もあるでしょうから、経済的自立が万能薬というわけではありません。ただ、労働参加による経済的自立が、家庭内暴力に苦しむ女性たちを少しでも減らすことにはつながるでしょう。

　女性が多くの選択肢をもつことの重要性は、強調してもしすぎることはないでしょう。自己決定権があるかどうかが幸福を大きく決定するといいます[125]。自分の人生は自分で決めることができる女性が増えればいいと思います。

第3章　歴史に根づいた格差――風土という地域差

ジェンダー・ギャップ指数について、日本はG7参加国中最下位と指摘されるとき、先進国は比較的女性の社会進出が進んでいることが前提とされているのではないでしょうか。こういった先進国のなかでの比較は、ジェンダー格差については日本は後進的であり、解消すべきという意図が含まれているように思います。

ところが、欧米諸国のなかで女性の社会進出を比較した場合、G7参加国が進んでいるわけではありません。実は世界的にみると、欧米諸国ですら女性の労働参加率がそれほど高くはないのです。

国が豊かになると、たしかにジェンダー・ギャップ指数における教育と健康の分野のジェンダー格差は解消する傾向にあります。しかし、0-4、3-1でみるように、政治と経済の分野における各国・地域のジェンダー格差はさまざまです。

政治と経済の分野については、歴史的に男性が重要な役割を担い、支配してきたものが制度化され、それが現在のジェンダー格差につながっているようです。

3−1　地域別にみた経済と政治分野のジェンダー格差、2021年

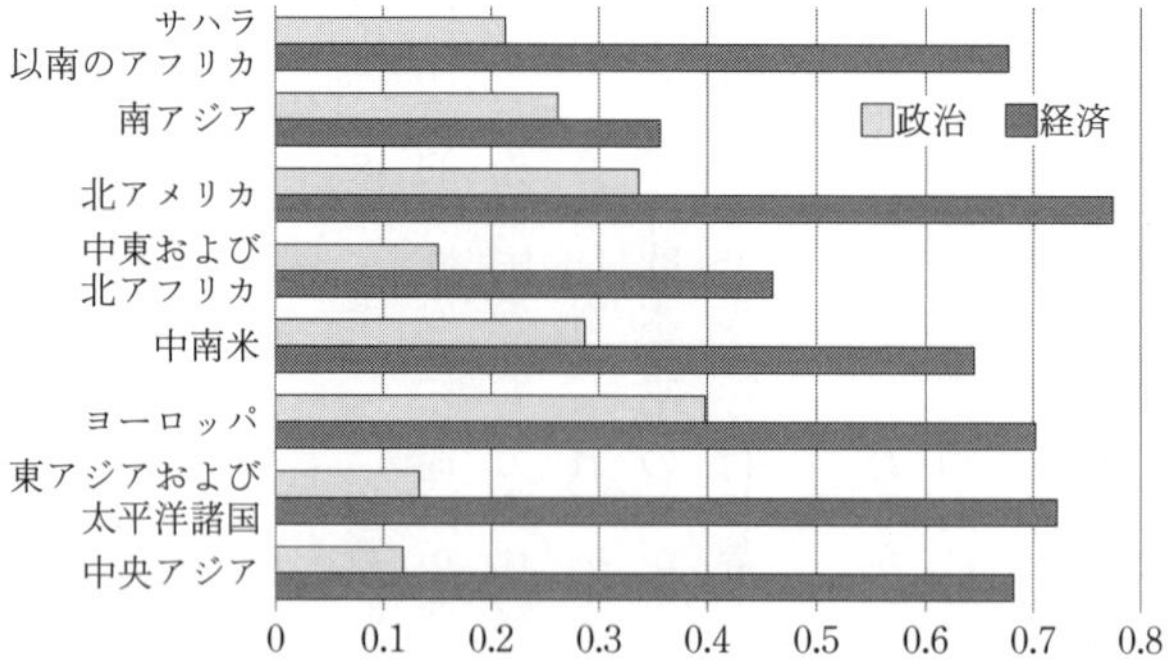

注：指数（0−1）で、男女格差がまったくない状況が1、格差解消までの達成状況を表す。
出典：Global Gender Gap Report 2022（https://www3.weforum.org/docs/WEF_GGGR_2022.pdf）をもとに筆者作成。

長い人類の歴史のなかで、世界のさまざまなジェンダー格差はいかにして現れてきたのでしょうか。

日本では一九四五年に婦人参政権が認められ、八五年に男女雇用機会均等法が制定されました。ジェンダー格差が比較的小さいと思われるアメリカですら、婦人参政権が認められたのは二〇世紀に入ってからです。女性が男性と同等の権利を与えられたことは、最近の出来事なのです。

1　一万年前の起源 ——農耕と定住の進展

起　源——狩猟採集から農耕へ

女性が男性と同等の権利が与えられたのが近年だとすると、それ以前の社会では、女性は男性よりつねに劣位に甘んじてきたのでしょうか。先進国ほどジェンダー格差が小さいとは限らな

いので、長いタイムスパンでみたときに、経済が発展する前と後で、後のほうがジェンダー格差が小さいとは限りません。

フリードリヒ・エンゲルスは、女性の地位が低下したのは、狩猟採集の生活から牧畜に移行したことがきっかけだといいます[57]。ただ、エビデンスをもってこのことを実証することは難しいでしょう。実証するためには、狩猟採集の生活をしているグループのうち、ランダムに分けたいくつかのグループには牧畜に移行してもらい、残りのグループにはそのまま狩猟採集の生活を続けてもらう介入実験が理想的ですが、そのようなことはできるわけがありません。現代で狩猟採集生活をしている民族や部族は、そもそもとても少ないです。

現時点では、女性が男性に依存するようになったのは、一万年前に農耕文化が発達し定住するようになってからという説が主流です[58, 89]。もちろんこの説についても、エビデンスを示すことは難しいですが、この章で紹介するデンマークの経済学者エスター・ボーズラップ（一九一〇～九九）の議論や、それを実証したアルベルト・アレシナ（一九五七～二〇二〇）元ハーバード大学教授たちの研究を総合すると、農耕文化の発達による定住が現時点ではいちばん説得力があるでしょう。

人類の生活の質の向上につながった農耕文化が、ジェンダー格差を生み出したというのは、皮肉なことです。

日本の伝統なのか

一万年前以降、政治や経済の分野で男性がトップであり続けたわけではありません。イギリスでは、最近まで女王が在位していましたし、ほかの多くの国でも何度も女帝が即位しています。女性天皇や女系天皇の是非が議論に上がる日本でも、古くは六〜七世紀の推古天皇のように女帝は存在していました。

女性天皇・女系天皇に関する議論や、国連から現行の夫婦同姓が女性差別的であると再三勧告を受けて、法改正が審議されてきた選択的夫婦別姓に関する議論を耳にすると、伝統的にジェンダー格差が根強い国のような印象を日本にもつかもしれません。

しかし、保守的な議員のあいだで、夫婦同姓が日本古来の家族のあり方を守るためのように語られていますが、夫婦同姓は一八九八年の明治民法制定後のことであり、決して日本古来の伝統ではありません。

ジェンダー格差の歴史をみると、伝統だと思い込んでいるものが、実はごく最近の出来事にすぎないと認識を改めるきっかけになります。日本の夫婦同姓制度はその一例です。また、仮に伝統や歴史があっても、それが現在の問題の言い訳にはならないこともわかります。ジェンダー平等のお手本のようにいわれる北欧諸国ですら、歴史を振り返れば、平等となる必然性はありませんでした。仮に日本が伝統的にジェンダー格差の根強い国であったとしても、それが現在のジェンダー格差を放置してよい理由にはならないはずです。

歴史データを使った経済学の研究

近年、経済学は歴史的なデータを駆使した実証研究の成果をたくさん生み出しています。もっとも有名なのは、マサチューセッツ工科大学のダロン・アセモグル教授とシカゴ大学のジェイムズ・ロビンソン教授たちによる、歴史的なデータを使って国家の経済成長などを実証した研究でしょう。日本語訳（『国家はなぜ衰退するのか――権力・繁栄・貧困の起源』[1]）も出版されている国際的なベストセラーです。

ジェンダー格差とは直接関係ないのですが、歴史的データでどのようなことができるのか、アセモグルたちの研究をかいつまんで紹介しましょう。

現在の各国の豊かさは、国内総生産（ＧＤＰ）などの統計で測っています。しかし、一五〇〇年代にそのようなデータはもちろんなく、彼らの研究では、人口密度を豊かさの「代理変数」として使いました。代理変数とは、直接測ることが難しい事象に代わる、測定可能な事象を指します。たしかに発展しているところに人は集まります。彼らの研究は、その国や地域の制度が搾取《さくしゅ》的であると、かつて豊かだった地域が衰退したことを実証しました。豊かな地域がそのまま現代も豊かなわけではありません。

では、歴史的データを使うとジェンダー格差についてはどのようなことがわかるでしょうか。先に述べたように、農耕文化に移行し定住したことでジェンダー格差が生まれたという直接のエビデンスを明らかにすることは難しいです。ただ、農業で需要される労働力の種類や、男性と女性の労働力の比較優位という概念を応用すれば、それを示唆するような間接的なエビデンスを示すことは可能です。

因果関係を明らかにしやすい

歴史的なデータを使う意義はいくつかありますが、ひとつには、ジェンダーにまつわる諸問題について、因果関係のエビデンスを示しやすいことがあります。

歴史を遡るデータであるほど、現在の私たちからみると、天から降って湧いてきたような事象とみなしやすくなるからです。たとえば、数百年前の先祖や何らかの出来事を起源と考え、それが「たまたま」起こらなかったグループとの比較により、現在の問題や現象が結果として生じているのか、ということをある程度明らかにできるのです。

もちろん、歴史的なデータも万能ではありません。アセモグルたちの研究では、原因とみなしたいAを搾取的な制度が導入されたかどうかで測っています。その制度に影響を与えた要因Cが、現在の事象B、たとえば豊かさ、教育水準の高さ、ジェンダー格差などに直接的に影響を与えている場合、AとBは相関しています。ただし、厳密にはAの結果Bが生じたとはいえません。この場合、ある時点での制度が「たまたま」異なるグループ間での比較はできないので、現在の事象の原因であるとはいえないからです。

しかし、歴史的事象は、たいていは何らかの要因によって決定されているでしょう。ですから事象が偶然起こったかどうかを厳密に求めることは不可能に近いですし、因果関係について何らの知見も得られなくなってしまいます。そこで、研究者たちは「たまたま」起こったとある程度説得的にみなすことのできる変数を用いることで、因果関係の実証を試みるのです。

次節以降では、現代にジェンダー格差とみられる現象がどこから始まっているのか、歴史的なデータを用いて、その起源や原因を明らかにしようとした代表的な研究を紹介しましょう。

2　男女平等意識の地域差——産業革命以前の農耕スタイル

現在につながる格差の起源

現在の女性が男性並みに労働参加しているかどうかの地域差、またジェンダー格差は、一万年前までいかなくても、ある程度歴史を遡ればその起源をデータによって実証することが可能です。

歴史的なデータを用いて、ジェンダー格差の起源を明らかにしようとした研究のなかでもっとも代表的なものは、先に言及した元ハーバード大学教授のアルベルト・アレシナたちの研究でしょう。[4]彼らの研究は、もともとはデンマークの経済学者エスター・ボーズラップ[33]が唱えた仮説をもとにしています。まずはこの仮説について簡単に紹介しましょう。

ボーズラップは、現在男女平等に関する意識が文化や地域によって差があるのは、産業革命以前の伝統的な農業の特徴、男女の役割分担に起源があるとの仮説を立てました。彼女は、定住タイプの農業と、焼き畑農業など移動するタイプの農業とでは、男性と女性の労働力需要が異なることに着目します。

農地を深く耕さずにいると、数年で土壌の栄養分が不足します。そのため焼き畑農業のようにほかの土地に移ることで、土地をしばらく休ませる必要があります。そこではそれほど深く耕す必要がないので、女性でも簡単に使えるような、人力による鍬《くわ》（＝hoe）を使う農耕が主流となりました。逆にそれほど土の栄養分を減らさず、定住タイプの農業を可能にするには、技術的に農地を深く耕す必要があります。このような農業では、より肉体的な力が必要とされる牛馬などを使った犂《すき》（＝plow）を使用する農耕が主流となりました。

ボーズラップが、一九七〇年の執筆時より遡った過去五〇年のデータを検証したところ、サハラ以南のアフリカでは鍬を使う農業が主流で、アジアでは犂を使う農業が主流であることがわかりました。現在、サハラ以南のアフリカでは、アジアに比べて、女性の労働参加率は高い状況にあります。彼女の仮説では、アジアでは女性の労働力が比較的必要とされないため、女性が外で働かなくなり家事に専念するようになった、このことがジェンダー格差の起源であるとします。

A・アレシナたちの実証研究

ボーズラップが提唱するように、産業革命前の農業の方法にジェンダー格差の起源をみるとしても、それが現在の労働参加の違いや、そのほかのジェンダー格差にまで影響を与えているのはどうしてでしょうか。現在は第1章でみたとおり、力仕事は減って頭脳を使う仕事が増え農業に従事する人口は減っています。産業革命前の農業における男女の労働力需要の違いが、現在の労働参加率の違いにまで続いているといえるのでしょうか。

この疑問に対して、またボーズラップの仮説について、より厳密にデータにもとづいてエビデンスを示したのがアルベルト・アレシナたちの研究です。

アレシナたちは、産業革命以前における一二〇〇民族の農耕のタイプに関する歴史的なデータを用いることで、はるか昔の農耕のタイプが、現在の女性の労働参加率の違いを説明できることを実証しました。さらに、女性の労働参加率が低い社会では、ジェンダー格差も大きく、女性の経営者や政治家も少ないことがわかりました。

3–2は、アレシナたちの論文に掲載されている、産業革命以前の農耕のタイプを表した地図を単純化したものです。ざっくりというと、現在でも地図上の斜線で表された地域（もともと移動農業が主流だった地域）はジェンダー格差が小さく、ドットで表された地域（犂を

3−2　民族・言語グループごとの農耕タイプ、産業革命以前

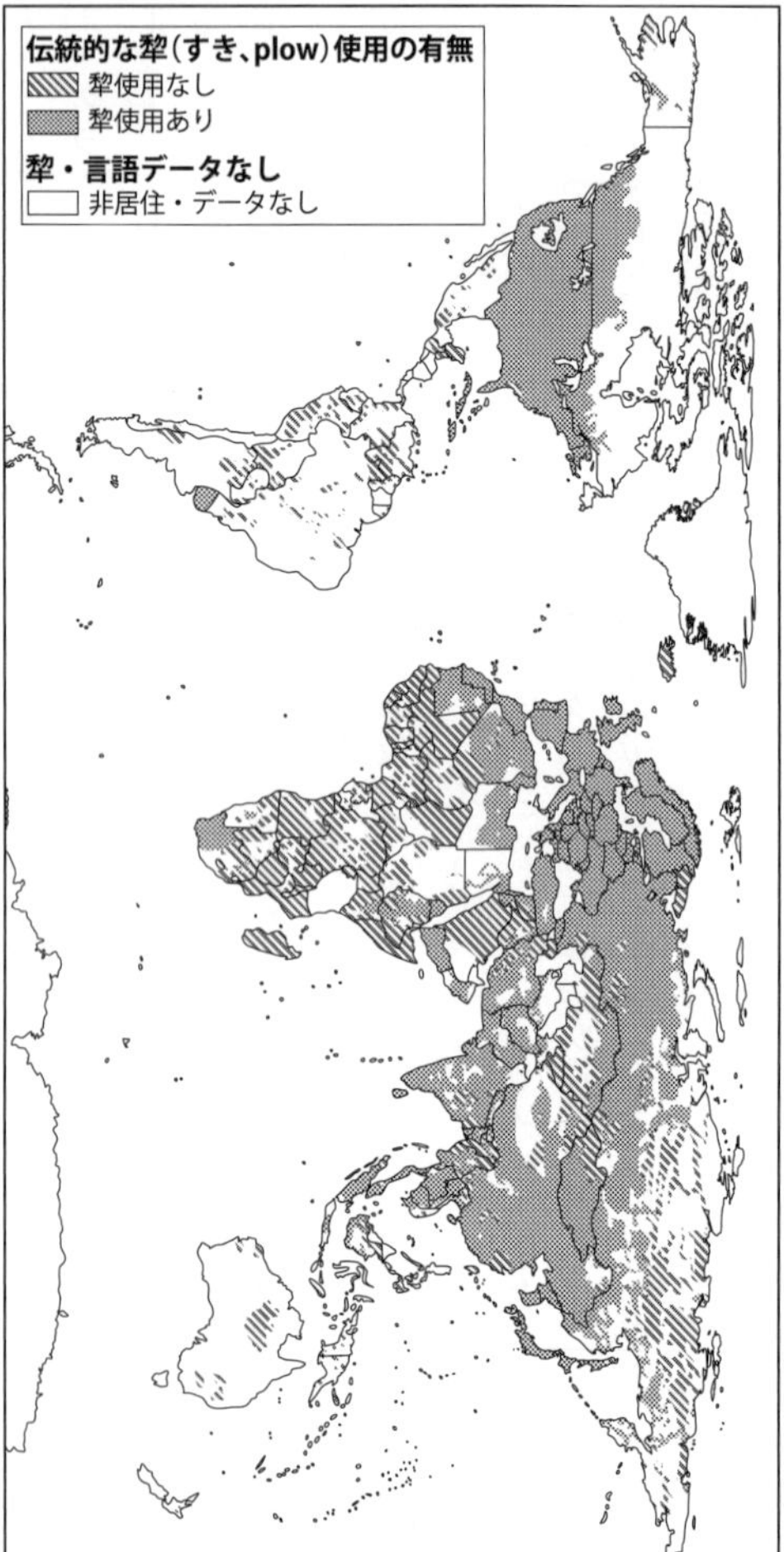

出典：Alesina et al.（2013）の FigureⅡをもとに筆者作成。

使った定住農業が主流だった地域）はジェンダー格差が大きいです。

産業革命以前に、男性が比較優位をもつ肉体労働集約的な犂を使う農作業が主流であったかどうかが、現在のジェンダー格差の起源であるとは、かなりセンセーショナルな主張なためか懐疑的な批判もあります。それに対してアレシナたちは丁寧に反証しています。

批判のひとつに、犂を使用する農耕タイプは、産業革命以前にもともとあったジェンダー格差に影響を受けているという逆の因果関係があります。つまり、ジェンダー格差が大きい地域ほど、男性が犂を使うような力仕事が主流になったのではないかという批判です。

アレシナたちは、もともと犂を使用するような農作物の栽培に適した土地であったかどうかが犂の使用を決定づけたことを示して、その批判に反論しています。要するに、農作物の栽培に適した土地であったかどうかを、天から降って湧いた自然実験のように利用して実証しています。

別の批判もあります。犂を使う農業が主流だったところでは、たしかに当初は男性中心の社会だったかもしれません。しかし、その後の市場の発達などの違いにより、そもそも女性が従事しやすい労働需要が生まれなかった、つまり、犂を使っていたかどうかはあまり関係ないといった批判です。

アレシナたちは、それにもエビデンスを示して反証します。彼らは現在のアメリカにおける移民第二世代の女性のデータを使って反論します。このような女性に限れば、国籍も同じアメリカ人ですし、労働市場の違いなどの差をなくしたうえで比較ができます。

その結果、もともと犂を使った農業が主流だった地域にルーツをもつ女性は、労働参加率が低いのです。アレシナたちは、移住先の法制度や環境などによる影響を否定しませんが、親子代々受け継がれる文化や規範、慣習がジェンダー格差に大きな影響をもたらしているのだろうと結論づけています。

3　生まれつきの性質といえるのか

母系社会と父系社会

家庭内で男性が物事の多くを決められるような社会を父権社会（patriarchy）といいます。男性社会、家父長社会と訳されることもあります。反対に女性が物事の多くを決められる社会を母権社会（matriarchy）といいます。

父権社会、母権社会と似たような概念に、父系社会、母系社会があります。父系社会は、父親から息子に、家系、つまり家族の地位や財産が継承されていく社会です。たとえば、現在の日本の皇室制度です。母系社会は、母親から娘に家系が継承されていきます。ここで注意が必要なのですが、母系社会でも、重要な物事は、男性が決めている例が多くあることです。母系社会と母権社会は同義ではありません。

歴史的には、父権社会ばかりだったわけではありませんが、現在では多くの社会が父権社会です。父権社会が現れたのは、ジェンダー格差の起源と同じように農耕文化と定住が起源と考えられています。同様に、現在では多くの社会が父系社会ですが、母権社会と違い、たとえ父権であっても母系社会は少なからず存在するために、父系社会と母系社会の違いを利用した研究が可能となっています。興味深いことに、歴史的に母系社会から父系社会への移行はみられるのですが、その逆はほとんどありません[58]。

女性が競争的な社会

男性はこうあるべき、女性はこうあるべきといった規範や、典型的な男性とはこういうものだ、女性とはこういうものだといったステレオタイプが、ジェンダー格差にもたらす影響は、近年、実証経済学の研究者たちにも注目されています。

たとえば、女性は控えめで競争は好まないといったステレオタイプです。第4章でも詳しく紹介しますが、ここでは、はるか昔からある伝統的な慣習がどのようなジェンダーの違いをもたらすのかを明らかにした研究を紹介します。具体的な慣習として、母系社会を取り上げます。

女性は男性に比べて、生まれつき競争心が弱いというステレオタイプがあります。生まれつきとは、人類が始まって以来、生物学的にということを暗に意味します。生まれつき女性

3−3　OECD諸国上場企業の取締役会における女性の割合、2020年

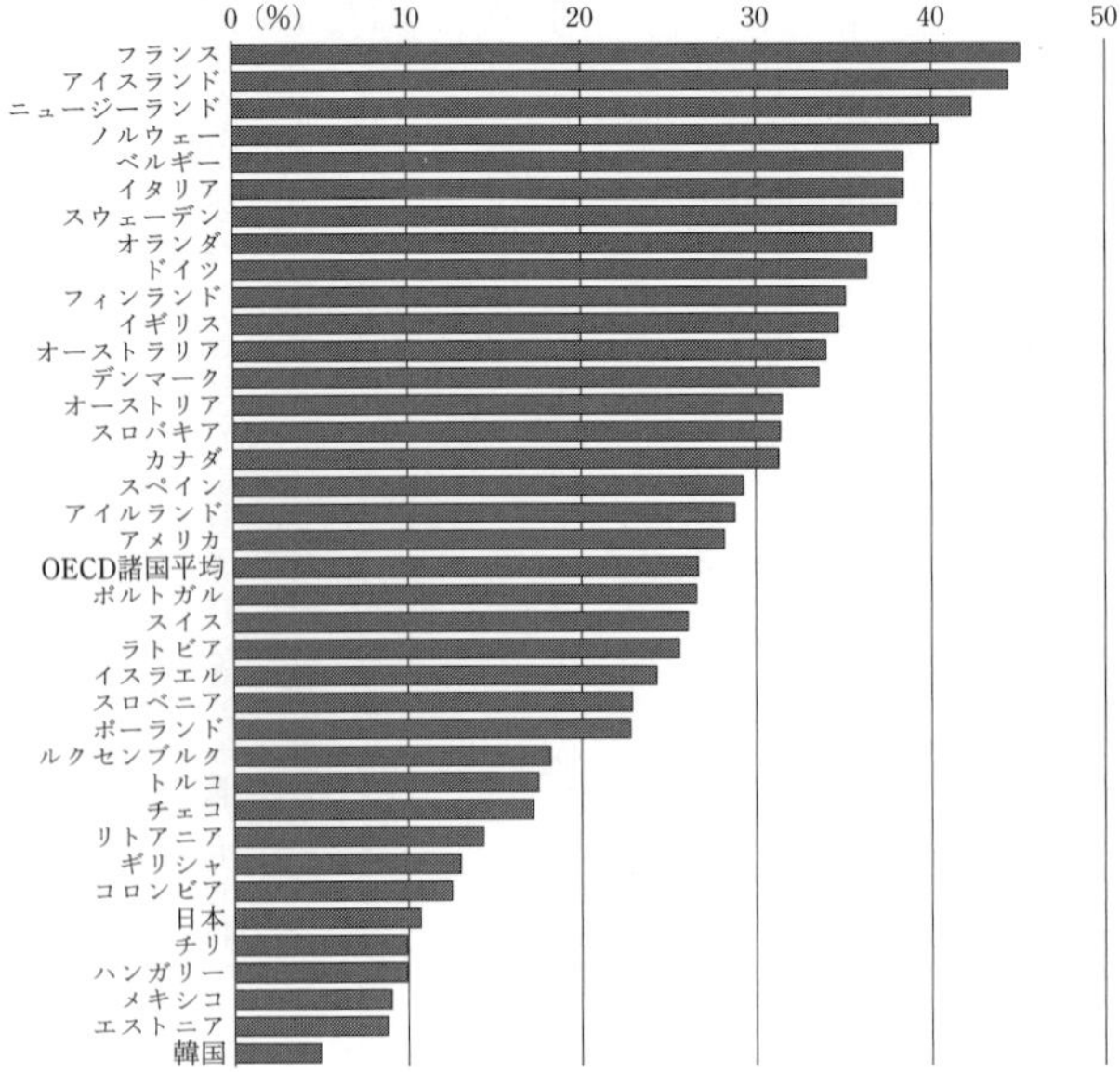

出典：OECD（https://stats.oecd.org/）より筆者作成。

の競争心が弱いことが本当なら、女性のキャリア志向が弱かったり、経営陣に女性が少ない（3−3）ことも必然という議論が可能になります。

　女性のほうが競争心が弱いのは、たとえば生物学上の比較優位から、古くは男性が狩りをしており、競争心が強い男性のほうが進化上有利であった、といった理由から決定するのでしょうか。それとも慣習や文化によって決まるのでしょうか。その問いにひとつの答えを出したのが、カリフォルニア大学サンディエゴ校のウリ・ニーズィー教授たちの研究です[71]。

彼らは、どれだけ競争を好むか、競争的であるかの簡単な実験を行っています。それによると、父系社会であるタンザニアのマサイ族のあいだでは、男性がより競争を好みました。対照的に、母系社会のインド北東部のカーシ族のあいだでは、女性がより競争を好みました。興味深いことに、母系社会のカーシ族でも、政治家や民間防衛、裁判官、司祭など、伝統的に権力をもちそうな、したがって競争心が影響しそうな職業は男性が担っています。このような社会であっても、女性が男性より競争を好むという結果が出るのです。生まれつき男性のほうが○○を好む、女性のほうが△△に向いているといったステレオタイプに科学的な根拠がないことを示しているといえないでしょうか。

＊

この章では、社会が形成されるにつれて、どのようにジェンダー格差が生まれてきたのか、データを使って実証した研究を紹介しました。

はるか昔のデータを工夫して使うことで、現在の女性の労働参加や、政治参加、女性の権利や自律性が、産業革命以前に主流だった農業の方法に起源があることを証明してきました。もちろん、それを疑ってみることは大事ですが、このような研究では、考えうる反論に対して、データを使って反証しています。この主張を説得的に切り崩すことは簡単ではなく、そのような実証研究はまだありません。

最近の経済学では、文化や慣習の重要性が認識され、それに関する実証研究も生まれつつあります。女性の労働参加や男女賃金格差や昇進の違いなどに対しても、長い歴史のなかで培われてきた、男性とはこうだ、女性とはこうだという思い込みやステレオタイプが影響していることが、研究によって明らかにされています。

内閣府男女共同参画局の調査[123]では、男性の二四%、女性の一八%が、受付、接待、お茶だしなどの応対は女性の仕事だと答えています。これらも思い込みやステレオタイプの例でしょう。文化や慣習、規範やステレオタイプがもたらすジェンダー格差への影響については、第4章と第5章で詳しく触れます。

ただ、3-2からわかるように、現在、先進国のなかでは比較的ジェンダー格差が小さい北欧諸国は、もともと深く耕す必要がある農地の地域であり、歴史的にみるとジェンダー格差が小さくなる必然性はありませんでした。これらの国々の、男性の育児休業取得率(二〇一六年)は、フィンランド七八%、スウェーデン七五%といずれも高いですが[126]、一九九〇年時点でのフィンランドのそれは、現在と同じくらいに高かったスウェーデンよりはるかに低く、四〇%ほどでした[83]。もともとは抵抗があったなかで、男性の育児休業が進んできたことがわかります。ステレオタイプも比較的短時間で変化しうるのです。

第4章　助長する「思い込み」――典型的な女性像

前章では、現在のジェンダー規範が、長い年月をかけて文化や慣習によって形づくられてきたことに触れました。ジェンダー規範とは、性別にもとづく社会規範のことです。たとえば、男性は家族を養うべき、女性は育児をすべきといった社会によって与えられた行動の指針です。最近の研究では、こういった規範がジェンダー格差にもたらす影響がとても大きいことがわかってきました。とりわけ、女性の労働参加や結婚市場への影響が注目を集めています。

ジェンダー規範と似た概念にステレオタイプがあります。たとえば、女性は家事が得意である、女性はＳＴＥＭ（Science Technology Engineering and Math）分野に向いていない、女性は政治的リーダーにはふさわしくないといった考え方があります。規範と違って行動の指針ではないですが、多くの人びとが典型的だと思う女性像といったらわかりやすいでしょうか。男性のステレオタイプは、その逆になることが多いでしょう。

ヒラリー・クリントンが、二〇一六年のアメリカ大統領選で敗れたときのスピーチで話した「ガラスの天井」は、女性がリーダーとなることを阻《はば》む、目には見えないけれど存在する何かを意味しています。この何かについては、女性は政治的リーダーに向いていないといったステレオタイプを含んでいます。

最近の研究には、この規範やステレオタイプがジェンダー格差に与える影響を実証したものがいくつかあります。この章では、とくにステレオタイプのもたらす影響についての実証研究を紹介します。

1　ステレオタイプが与える影響

日本での調査

実証研究の紹介の前に、二〇代から六〇代の男女に対して、内閣府男女共同参画局が実施したステレオタイプの調査を紹介します。なお、この調査は『令和４年度　性別による無意識の思い込み（アンコンシャス・バイアス）に関する調査研究[123]』と銘打っています。しかし質問は、回答者の意識的な思い込みを聞いているので、「無意識の思い込み」に関する調査というのは正確でない気もします。ですから、単なる思い込みに関する調査として取り上げます。

この調査では、いくつかの性別役割に関する思い込みの質問をしています。そのなかで、

4−1　日本の性別による役割意識

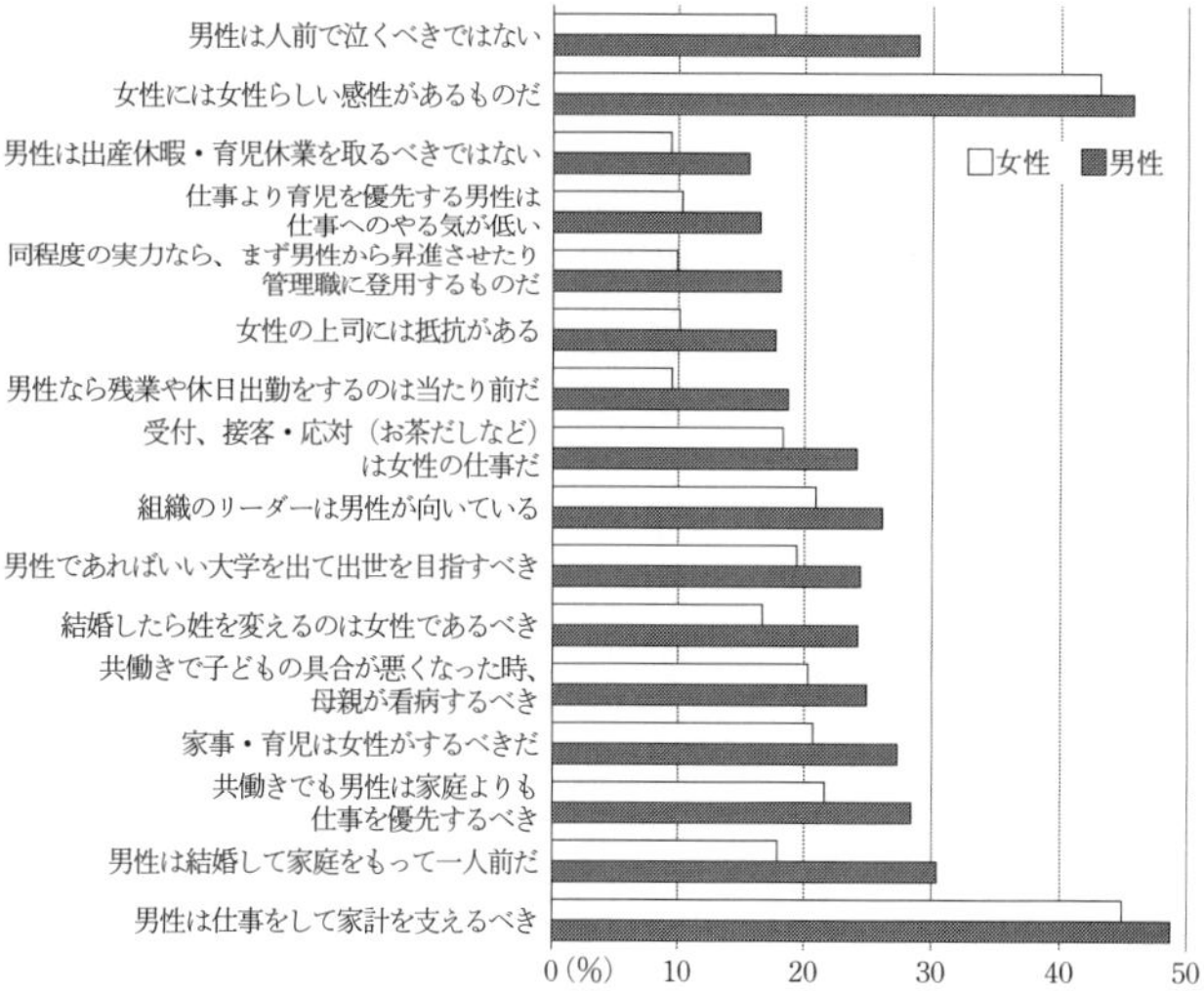

注：20代〜60代の男性5452人、女性5384人のうち、各項目に対する自身の意識を、１＝そう思う、２＝どちらかといえばそう思う、３＝どちらかといえばそう思わない、４＝そう思わない、の４段階で回答し、１および２と答えた人の割合を表している。
出典：内閣府男女共同参画局「令和４年度 性別による無意識の思い込み（アンコンシャス・バイアス）に関する調査研究」（https://www.gender.go.jp/research/kenkyu/seibetsu_r04.html）より項目を抜粋して筆者作成。

とくに興味深いものをグラフにしました（4−1）。

二〇二一年六月に育児・介護休業法が改正されて男性の育児の重要性が強調されるなか、男性の二七％、女性の二一％が、家事・育児は女性がするべきだと考えています。たとえ共働きであっても、男性の二五％、女性の二〇％が、子どもの看病は女性がすべきだと考えています。

また、男性の一七％、女性の一〇％が、仕事より育児を優先する男性を仕事へのやる気が低いとみなしています。この状況では、たとえ法的には育児休業が取得できたとしても、上司などの評価を気にして現実には取得できないでしょう。

ステレオタイプと従来の差別

従来のジェンダーによる差別と、ステレオタイプによる差別との違いは何でしょうか。伝統的な経済学では、ジェンダーによる差別を「嗜好《しこう》（好み）による差別」と「統計的差別」で説明してきました。

好みによる差別を理解するために、新しく従業員を一人雇うケースを考えてみましょう。同じような能力の候補者が二人いて、一人は男性、もう一人は女性であるとします。この場合、雇用者が男性のほうが単に好ましいという理由で男性を雇うことが、好みによる差別にあたります。

また、これまでの従業員をみると、たとえば男性は離職率が低いけれど、女性は結婚や出産などにより離職率が比較的高いとします。雇用者は、せっかく仕事を覚えてもらった従業員には離職してもらいたくないので、男性を雇うと決めたとします。この場合は、男性と女性を雇うことについて雇用者にとくに好みによる違いはありませんが、これまでの経験から男性のほうが離職の可能性が低いということで雇うことを決めました。これは統計的差別と呼ばれます。[127]

4－2　男女別SAT数学スコア、2013年

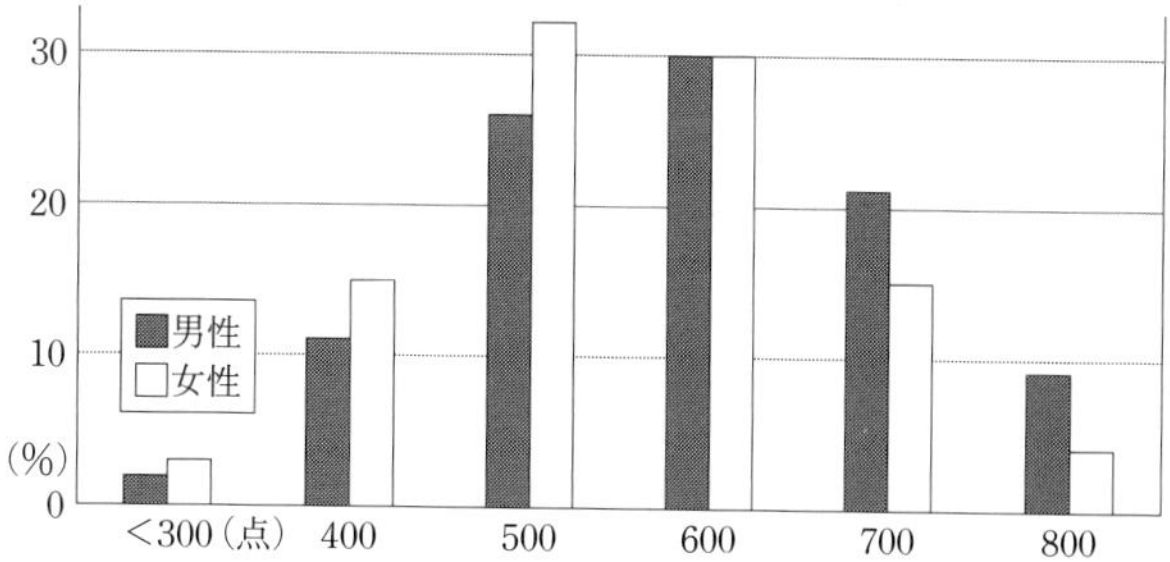

出典：Bordalo et al.（2016）の Figure I。

男性のほうが離職率は低いことが事実であり、その違いを正しく認識していれば、それは統計的差別であって、ステレオタイプによる差別ではありません。ただ、男性のほうがたしかに離職率は低いけれど、男女の離職率の違いはわずかであることも考えられます。この場合、実際の違いはわずかであっても、それがあたかも男性もしくは女性を代表しているかのようにとらえてしまえば、ステレオタイプによる差別となります。

4－2は、アメリカの大学進学適正試験（SAT）における数学のスコアについて、男女別に分布を表したものです。たしかに男性のほうが女性より数学のスコアは高く、平均値も高いのですが、ほとんどの学生のスコアには重なる部分も大きく、上位で差が出ている程度ということがわかるかと思います。実は、これは分布にそれほど男女の違いはないのに、一部の目立つ特徴に引っ張られて、いかにもそれが男性と女性の特徴の違いであり、ステレオタイプのようにとらえられてしまう実態を表しています。

このようなステレオタイプによる決めつけや思い込みは、実は「わずかな事実（＝Kernel of Truth）」からもたらされていることがわかってきました。[31]

ＳＴＥＭ分野の男女差

ＳＴＥＭと呼ばれる数学やサイエンスの理系分野について、多くの人は、女性より男性のほうが得意だと思っているでしょう。このことを男女の生まれつきの違い、もしくは脳の構造の違いのように思っている人も多いでしょう。

4―3は、中学生男女の数学テストのスコアの差を、欧米諸国とアジア諸国についてみたものです。これをみると、女子のほうが数学テストのスコアが高い国もあります。生まれつき、生物学的な違いというのは説得力に欠けるでしょう。ジェンダー・ギャップ指数でのランク付けが高く、ジェンダー格差が小さいといわれる北欧諸国や、女性の労働参加率が比較的高い東南アジア諸国で、女子の数学の成績が男子に比べて高いことは注目してよいでしょう。

日本や多くの欧米諸国で、女性より男性のほうがＳＴＥＭ分野が得意だということは、平均的には間違いではないでしょう。しかし、ここにも「わずかな事実」によるステレオタイプが作用している可能性が高いのです。要するに、ノーベル賞受賞者を筆頭に、ＳＴＥＭ分野でトップレベルの研究成果を残している人たちが男性に偏っているために、ＳＴＥＭ分野

4−3　中学生（15歳）の数学テストスコア（PISA）の男女格差

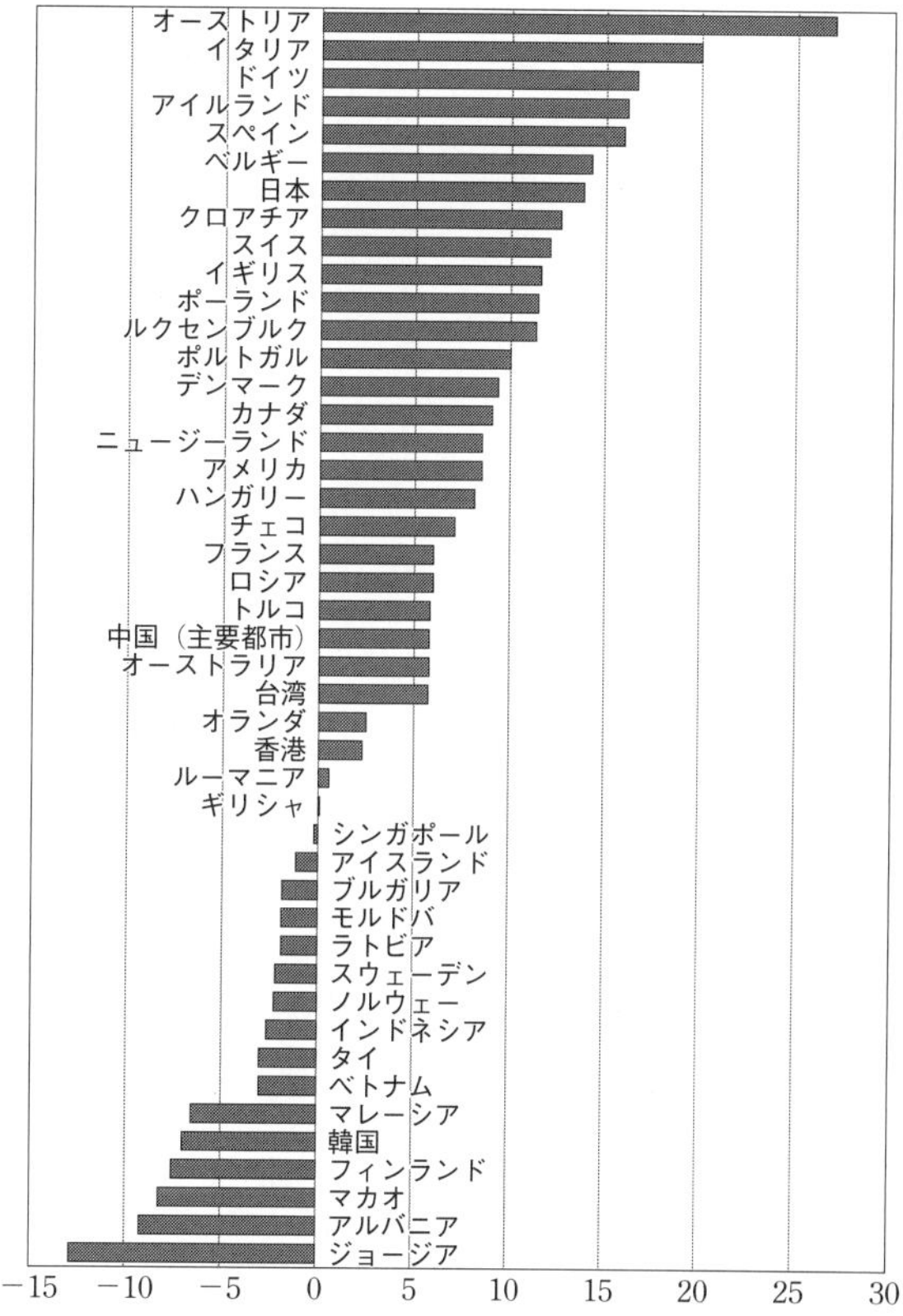

注：OECDが実施している学習到達度調査(Programme for International Student Assessment : PISA)テストデータが入手可能な欧米諸国およびアジア諸国（OECD加盟国およびパートナー諸国）について、男子から女子のスコア平均を引いたもの。マイナスの数値は女性のほうが得点が高いことを意味する。

出典：2015年PISAデータ（https://www.oecd.org/pisa/）をもとに筆者作成。

全体で大きな男女の差があるような錯覚が起こっている可能性です。

日本ではあまり当てはまらないですが、欧米諸国ではSTEM分野の職種のほうが、いわゆる人文系より所得が高い傾向にあります。このためこのSTEM分野を得意とするかどうかの男女の違いが、男女の所得格差にも影響しているといわれています。

男女のあいだにSTEM分野を得意とするかどうかの違いが本当に存在し、それによって学部の専攻の違いや、所得格差が生まれているなら、それは男女ではなく能力の違いによる所得格差なので、仕方がない面もあるでしょう。しかし、実際には能力差はほとんどなく、STEM分野を専攻するかどうか、結果としてSTEM分野の職業に就くかどうかが、思い込みによって影響を受けているとしたら、その思い込みを是正する余地はあるでしょう。

「わずかな事実」の違いが与える影響

オックスフォード大学のペドロ・ボルダロ教授たちは、アメリカの大学の学生たちを対象に実験を行い、「わずかな事実」が思い込みに与える影響を実証しました[32]。学生たちには、機械、数学、言語能力、美術などさまざまな分野について、自己評価および他人に対する評価を行ってもらいました。

結果は、典型的に男性が得意だと思われている分野では、実際に得意かどうかに違いはなかったとしても、女性は自己を過小評価する傾向にあることがわかりました。逆に女性が得意だと思われている分野では、男性の自己評価が低くなる傾向でしたが、女性ほどではなかったようです。

実験の一部では、学生同士ランダムにペアを割り当て、さらにランダムに選んだ半数の学生には相手の性別を教えました。これにより、相手の性別によって評価が変わるかの測定が可能になります。結果は、他人の評価も自己評価とほぼ同じでした。つまり、男性が得意だと思われている分野については、相手が女性というだけで評価が過小になったのです。

興味深いことに、相手の性別がわかっている場合とそうでない場合、またわかっている場合に相手が男性であるか女性であるかによって、自己評価に影響があることもわかりました。とりわけ女性は、相手が女性である場合に比べて男性である場合、男性が得意とされる分野について自己評価が相対的に下がりました。

この理由をボルダロたちは、ジェンダーを意識しない環境、つまり自分が女性であって相手も女性である場合よりは、ジェンダーを意識する環境にいるほうが、ステレオタイプの影響を受けやすいと結論づけました。

日本の首都圏の伝統的な私立中高では、男子校と女子校に分かれることが多いですが、これにはステレオタイプからの影響を受けにくい効果があるのかもしれません。実際に女子校にいる女子は、数学の成績は男子とさほど変わらないことがわかっています[68]。

教員の思い込みが生徒に与える影響

女子が数学が苦手という低い自己評価をする背景には、親や教師など周りの大人たちが思い込むステレオタイプの影響が大きいこともわかってきました。このことを明らかにしたイタリアの中学生とその担任教師を対象にした研究を紹介します。[38]

この研究では、教員がもつ無意識の思い込み＝「アンコンシャス・バイアス」を測ることに心を砕いています。アンコンシャス・バイアスを測る代表的な方法として社会心理学で用いられてきた、潜在連合テスト（Implicit Association Test: ＩＡＴ）を活用すると、無意識の思い込みを測定することができます。

ＩＡＴとはいったいどのようなものでしょうか。試みに筆者もハーバード大学が提供しているＩＡＴのサイト[130]で、ジェンダーとサイエンスに関する無意識の思い込みを測るテストを受けてみました。

回答者の前には、毎回のパートの最初に、4-4の上側か、もしくは下側のような指示が現れます。指示画面のあとは、各パート内で何度か画面が切り替わります。回答者は、上側の画面の指示が出たパートでは、画面に「おじさん」といった男性を表す言葉か「文学」のような人文科学分野が出てきたらＥキーを、「おばさん」といった女性を表す言葉か「物理学」のような自然科学分野が出てきたらＩキーをできるだけ素早く押します。

下側の画面の指示が出たパートでは、この組み合わせが逆となり、画面に男性を表す言葉

4−4　ジェンダーとサイエンスの潜在連合テスト画面イメージ

指示画面1

人文学 または 男性	科学 または 女性

画面中央に提示される項目が左側のグループに属する場合は E キーを、右側のグループに属する場合には I キーをできるだけ素早く押してください。

指示画面2

科学 または 男性	人文学 または 女性

画面中央に提示される項目が左側のグループに属する場合は E キーを、右側のグループに属する場合には I キーをできるだけ素早く押してください。

出典：Harvard Implicit Association Test（https://implicit.harvard.edu/implicit/）の Gender- Science IAT をもとに筆者作成。

か自然科学分野が出てきたらＥキーを、女性を表す言葉か人文科学分野が出てきたらＩキーをできる限り素早く押します。

もし回答者に、女性は数学やサイエンスが苦手というアンコンシャス・バイアスが強ければ、下側のパートの操作はスムーズにできそうですが、女性とサイエンスを結びつける上側のパートの操作には時間がかかりそうです。両者にかかる時間や正確性の違いを通じて、無意識の思い込みを測ろうとするのがＩＡＴの基本的な考え方です。

この研究は、教科の担任はランダムに決まるという自然実験を利用して因果関係を明らかにしています。数学担任教師が、女性は数学が苦手だという思い込みが強いと、思い込みが強くない場合に比べて、女子の数学の成績が下がり、高校の進路選択にいわゆるよい学校を選ばなくなり、数学に関する自己肯定感が下がることがわかりました。また、数学教師のこうしたアンコンシャス・バイアスにネガティブな影響を受けたのは、もともと成績が低いほうの女子のみであることもわかりました。

ちなみに、男子は数学教師のアンコンシャス・バイアスには影響を受けず、国語教師のアンコンシャス・バイアスについては、男子も女子も影響を受けなかったようです。

実証結果が示していることは、女子は生まれつき数学やサイエンスに向いていないのではなく、そういった思い込みが教師や親など周りの大人たちに刷り込まれた結果、本当に数学やサイエンスが不得意になってしまうことです。学問分野の専攻の選択は、将来の職業につながります。このような思い込みが、男女の所得格差に無視できない影響を及ぼしている可能性があります。思い込みが将来にわたってジェンダー格差を助長することを示したエビデンスといえるでしょう。

2 ロールモデルが開く可能性

お手本となる女性の存在

ロールモデルに関係する概念に、アスピレーション（Aspiration）があります。身近にロールモデルがいると、それに憧《あこが》れて、自分もそうなりたいと思う、そういう将来への期待を指します。ロールモデルは、それが自分の身近にいて、自分もそうなることが十分想像できるときに、重要な役割を果たすことがわかってきました。[70、133] あまりに現実の自分とはかけ離れた人物をお手本にといわれても、どう頑張ったところでそれに近づける気はしない場合、かえってやる気が削《そ》がれてしまうことは十分想像できるでしょう。

ただ、女性のロールモデルが果たす役割の実証についても、ロールモデルが偶然に存在しているわけではないこと（内生性）が問題となります。女性のロールモデルとそれから影響を受けるだろう学生なり後輩との組み合わせは、多くの場合本人たちの選択によって決まっており、ランダムに割り当てられているわけではないからです。また時代の流れで女性のアスピレーションが向上し、同時にロールモデルが存在するようになっただけで、そこに因果関係がないことも十分考えられます。

女性のロールモデルが果たす役割という因果関係を明らかにするためには、ロールモデルとそれから影響を受けるかもしれない学生なり後輩との組み合わせが、あたかも天から降ってきたようにランダムに決定される必要があります。

以下では、ロールモデルが果たす役割について因果関係のエビデンスを示した実証研究をいくつか紹介しましょう。

アメリカ軍士官学校からのエビデンス

女性にとってあまりよいお手本がいないと感じられる分野は、先に述べたような数学やサイエンス分野でしょう。では、数学やサイエンス分野のロールモデルに触れることができると、女性たちにはどういった効果があるのでしょうか。

まずアメリカの空軍士官学校の学生を対象にした研究を紹介します。この研究も、数学やサイエンスといった必修科目の担当教官がランダムに決まるという自然実験を利用して因果関係を証明しています。数学やサイエンスの担当教官が女性だと、教官が男性である場合に比べて、その後に女性の学生が数学を専攻する割合が高くなり、ＳＴＥＭ分野の学位を取得する可能性が高くなることを示しました。[40] 他方、教官の性別によって、男子学生は影響を受けることはありませんでした。

また、先に紹介したネガティブなステレオタイプ、つまり女子は数学が苦手だと思い込んでいる教員が与えた影響と異なり、このケースではもともと数学の成績が上位の女学生ほど、よい影響を受けたこともわかりました。もともと自己評価が比較的高く、向上心のありそうな女学生ほど、よいお手本には影響されやすいということでしょうか。こういう女性が増えれば、彼女たちが次期のロールモデルとなり、いずれは社会に蔓延《まんえん》するステレオタイプも崩れていくでしょう。

ロールモデルの与える影響は、とりわけお手本が少ないときに大きいようです。日本に比べれば女性の社会進出が進んでいるアメリカでも、特定の分野では女性の割合は低い状況です。すでに取り上げたSTEM分野についてもそうですが、軍やその幹部でも同様です。たとえば陸軍エリート養成のレンジャースクールには、二〇一五年まで女性の入学が制度的に認められていなかったことからも、女性の進出が極端に遅れている分野です。では、軍のエリート養成校で女性が活躍していくには、何が重要なのでしょうか。

アメリカの陸軍士官学校、ウェスト・ポイントの学生たちを対象にした研究があります。ウェスト・ポイントでは、学生グループに学問以外の面で大きな影響を与える目的で、少佐もしくは大尉レベルの指導教官が付きます。どのグループに配属されるか、どの指導教官にあたるかはランダムに決まるそうです。この研究は、女学生が女性の指導教官にあたると、男性である場合に比べて、教官の専門科目を専攻する傾向があることを明らかにしました[98]。

ウェスト・ポイントの出身者たちは、のちに軍の司令官などに就きます。彼女たちに女性でもできるという自信をもたせて、軍のなかで活躍してもらうことは、軍でのキャリアパスを考えている次世代の女性たちにとっても意味があります。この研究は、女性があまり活躍していない分野にお手本となる女性がいることとそのものが重要であるというロールモデルの重要性を裏づけたものといえるでしょう。

3　クォータ制導入の場合――質を下げるか

政策でお手本を増やす

女性が政治や経済の分野で活躍したいと思っても、お手本となる人物がそもそもいないことも多いでしょう。日本のように女性の政治家や経営者が少ない状況では、女の子たちが将来政治家になりたい、会社を経営したいと希望を抱くことも難しいかもしれません。

政治家や会社の経営陣に女性を増やす手っ取り早い方法としては、割り当て（クォータ）制の導入があります。たとえば、政治家については、すでに一三〇ヵ国以上で女性が占める最低の割合を法的に定めた制度があります。会社経営の分野では、ノルウェーが二〇〇三年に世界で初めて経営陣の四〇％を女性にすることを法的に義務づけました。

政治家や会社の経営陣へのクォータ制導入については、反対の意見も多いようです。実力もない女性が政治家や経営者になっては、本人にとっても社会や会社にとってもマイナスであるという理由が、主に挙げられています。また実力のある女性にとっては、本来実力で政治家や経営者になったにもかかわらず、女性優遇でその地位にあるのだろうと色眼鏡で見られてデメリットになるかもしれません。

クォータ制によって女性の登用を図ることが、よりよい政治につながるのか、会社の業績向上につながるのかについては、まだコンセンサスがありません。クォータ制の導入が企業にとってかえってマイナスの結果につながる可能性も否定できません[2]。

クォータ制など全国的に施行される制度については、それが導入されなかったらどうなったかについて考えることは難しそうです。しかし、その導入の直前直後を比べれば、制度の適用を受ける以外の条件は同じ、自然実験とみなすことが可能です。このような、制度導入の直前直後を比べて因果関係を実証する手法は、回帰不連続デザイン（Regression Discontinuity Design: RDD）と呼ばれています。詳しくは巻末の用語解説を参照してください。これらの手法を用いるなどして、クォータ制導入の効果に関するエビデンスを示した実証研究がいくつか出てきています。ここでそれらを紹介しましょう。

有能でない男性議員を排除できる

クォータ制の大きな懸念に、実力もない女性を登用しても本人にとっても社会にとってもプラスにはならないという考えがあります。しかし、いくつかの研究によって、クォータ制の導入によって実力もない女性が登用されるわけではないこと、クォータ制の前後で登用される人たちに能力の違いはないことがわかってきました。

まず、政治家についてです。ロンドン・スクール・オブ・エコノミクス（LSE）のティモシー・ベズリー教授たちの研究は、女性クォータ制の導入は議員の質の低下にはつながらず、むしろ有能でない男性議員を排除する結果につながることを明らかにしました[28]。

また、実社会のクォータ制ではありませんが、クォータ制を導入することによって、人びとの行動がどのように変化するかを探究した研究もあります[124]。この研究は、クォータ制がないときには、そもそも応募したり挑戦しようとしなかった能力のある女性たちが、クォータ制によって挑戦が促されたことを示しました。

クォータ制がないときに登用されていた男性と同等の能力のある女性が、クォータ制を導入して初めて挑戦してきたことは、女性が男性と競争すべきではないといった規範や、そもそも競争を好まないといった理由があるのかもしれません。

クォータで割り当てられたポストについては、対女性の競争となるので、これは中学や高校に男女別学を設けることで、とりわけ女子がステレオタイプを意識しなくて済み、実力が存分に発揮できるようになるという議論と共通点があります[32、68]。

次世代への効果

女性のリーダーが増えると、それに続く女性、次世代の女性たちにプラスの効果があることもわかってきました。これは、ロールモデル、つまりお手本となる人物が果たす役割が重要ということでしょう。また、女性は家事・育児に従事すべきといった規範から解放されるかもしれません。

政治の分野で女性のロールモデルの果たす役割を示唆した研究があります。マサチューセッツ工科大学のエステル・デュフロたちの研究は、インドのウェスト・ベンガル州においてクォータ制が導入されたことにより、ランダムに選ばれた三分の一の農村の村長ポストに女性が割り当てられたことを、因果関係を示すために利用しました。村長ポストが女性に割り当てられた村では、そうでない村に比べて、一一歳から一五歳の女の子たち自身と、その親が娘に対して抱くアスピレーションが向上しました[21]。

具体的には、希望する結婚年齢が高くなり、より高い教育水準が必要な職業への就業意欲も上昇しました。またアスピレーションだけでなく、実際に教育水準も上がり、家事労働に費やす時間が減少しました。ランダムに村長が女性に割り当てられたのが一九九八年と二〇〇三年、効果を測ったのは二〇〇六から〇七年です。とりわけ、一九九八年と二〇〇三年と二期連続で女性の村長が割り当てられた村でのみ、「有意な」、つまり統計的に意味のある効果がみられました。

実際に女性政治家に仕事を任せてみて、女性の政治家としての能力に対する偏見が払拭《ふっしょく》されたことで、女性でもできるという意識を女の子たちや彼女たちの親に浸透させたのでしょう。クォータ制によって誕生した女性の村長が、次世代の女性たちのロールモデルとなったともいえるでしょう。

一方で、二期連続で女性の村長が割り当てられた村でのみ効果があったことから、女性に対するステレオタイプや、アスピレーションなど、意識の変化をもたらすことは、たとえば一回や二回の介入では難しく、粘り強い働きかけが必要であることもわかります。ただ、粘り強く働きかければ、インド農村のような保守的な社会であっても、遅かれ早かれ必ず変化は訪れるということは力強いメッセージでしょう。

*

私たちは日常生活のなかで、知らず知らずのうちにさまざまなジェンダーに対する思い込みをしています。「リケジョ」という言葉は、理系の女子は珍しいことが前提になっていますし、「イクメン」という言葉は、育児をする男性が珍しいとまではいかなくても、好ましい存在であることが前提になっています。育児をする女性は当たり前であって、好ましいかどうかは議論にはならないでしょう。

意識していようがいまいが私たちのもつ思い込みが、ジェンダー格差に大きな影響を与えていることは、もっと知られてもいいはずです。親や教師など、大人たちのもつ思い込みが、次世代のジェンダー格差を再生産していることについても同様でしょう。こういった思い込みがもたらす影響力の大きさが広く認識されれば、人びとの意識も変わるでしょうし、次世代の女の子たちの可能性を摘んでしまう可能性も小さくなるでしょう。

生まれつきによる男女の能力の違いなど、社会によって形づくられた違いに比べれば大したことではない、女性も男性と同じ能力をもつということがもっと広まればよいと思います。

第5章　女性を家庭に縛る規範とは

女性の労働参加に関する規範でもっとも典型的なものは、男性は外で働くべき、女性は家事・育児に専念すべきという考え方でしょう。

第1章で南アジアや中東・北アフリカ諸国では、女性が外で働くべきでないという規範がとても強いことに触れました。現在でもこれらの国では、家族の女性が外で働くことを恥ずかしく思う男性が多いようです。女性が働きに出れば、家族を養うという一家の長としての義務を果たしていないことが、周囲に明らかになってしまうという理由からのようです。いずれにしても、家父長制の影響を強く受けています。

南アジアや中東・北アフリカ諸国では、女性が頭から布を被っているイメージなどから、女性は家、男性は外という規範が強く、それが地域特有の文化という印象をもっている人も多いでしょう。ただ、教師の場合は女性でも外で働くことが許容されています。女性が外で働くべきでないという規範は、農業や工場の労働者など教育水準が低く、貧しい家庭の女性がブルーカラー職に就く際に向けられてきたものでした。

工場で働く女性への偏見は、戦前の日本でもみられ、それほど地域特有なものではありません。アメリカのような比較的女性の社会進出が進んでいる国でも、二〇世紀中頃までそうした偏見がありましたが、あまり知られていないようです。

この章では女性が外で働くべきでないという規範が、女性の労働参加にどのような影響を与えてきたのか、各国の研究を紹介します。

1 欧米先進国の変容――結婚退職制度と「革命的」変化

アメリカ女性の労働参加はどう進んだか

先進国女性の労働参加に大きな影響を与えたものとして、とくにアメリカではサービス産業の発展、女性の賃金の上昇、家電の普及、低用量ピルの解禁、出生数の低下、託児サービスの充実、離婚の増加などが指摘されてきました[17、62、69、76、80、81、92]。くわえて、最近では、女性が外で働くべきでないという規範が変化したことも大きいと考えられています[61]。第1章では、これらが、必ずしも女性の労働参加を促進したという因果関係ではなく、逆の因果関係や第三の原因がもたらした見せかけの因果関係があることにも触れました。

とりわけ規範については、規範が変化すれば女性が労働参加するようになるだろうし、またより多くの女性が労働参加するようになれば規範も変化するので、因果関係は双方向であると考えられます。以下では、規範が変化したから女性が労働参加するようになったという因果関係を示すエビデンスではなく、両者が同時に作用し合って規範が変化してきたことを明らかにした研究を紹介します。

アメリカの女性がどのように労働参加し、社会進出してきたのかについては、このトピックに関する経済学研究の第一人者、ハーバード大学のクラウディア・ゴールディン教授が明らかにしています。[74] 彼女の研究を紹介しつつ、アメリカの女性の社会進出を追ってみましょう。

一九世紀末から一九二〇年代にかけてのアメリカでは、働いている女性の多くは、一部の専門職を除き、貧しい家計の未婚女性に限られていました。貧困のため、教育水準も高くはありませんでしたが、彼女たちの従事していた主な仕事は、工員や家政婦だったので、それほど教育投資に対するリターンも高くなかったでしょう。一九二〇年代までは、極度の貧困か、対照的に高度な専門職の場合を除き、女性は結婚とともに仕事を辞めることが通例でした。妻が外で働くこと自体が社会的に好ましくないと思われたのです。

一九三〇年代に入ると、タイピストなどの事務職の求人が増え、高校まで進んだ女性の就業機会が生まれました。事務職や高卒女性が就ける仕事という点で、これまでの低くみられていた仕事に比べて、社会的に尊重される仕事であることがわかります。結婚後も働き続ける女性も出てきましたが、八〇%以上の女性は結婚したら仕事を辞めていました。一九三〇年代は、教員や事務職では、既婚女性は仕事を辞めなくてはならないという制度（結婚退職制度）が、多くの州で残っていたことも大きいでしょう。

「革命的」変化へ

一九四〇年代に入ると、パートタイムで働ける仕事が増えたこと、冷蔵庫や洗濯機など家電製品の普及によって家事労働の負担が減ったことで、多くの既婚女性が働くようになります。ただ、既婚女性の就業は、まだ生活のため必要に迫られてという側面が強かったのか、夫の稼ぎがよくなると、あっさりと離職する傾向にありました。現在の日本の専業主婦願望に通じるところがあるかもしれません。

またこの状況は、第1章で触れたとおり、なぜ経済成長しているインドで女性の労働参加が減っているのかを説明する際にひとつの要因として挙げられています[11、97、118]。つまり、夫がより安定した仕事に就くようになったことで、妻が労働参加しなくなるのです。

一九五〇年代からは、多くの既婚女性が急激に労働参加するようになりました。三五歳から四四歳の既婚女性のうち、労働参加する女性が、一九七〇年代までには半数近くに達しました。この頃までには、労働参加している既婚女性の教育水準が、労働参加していない既婚女性のそれを上回りました。

この時期に、既婚女性が働くことも社会的に受け入れられるようになりました。ただ、た

5−1　アメリカにおける男女別四大卒人口25〜29歳の割合の推移、1940〜2020年

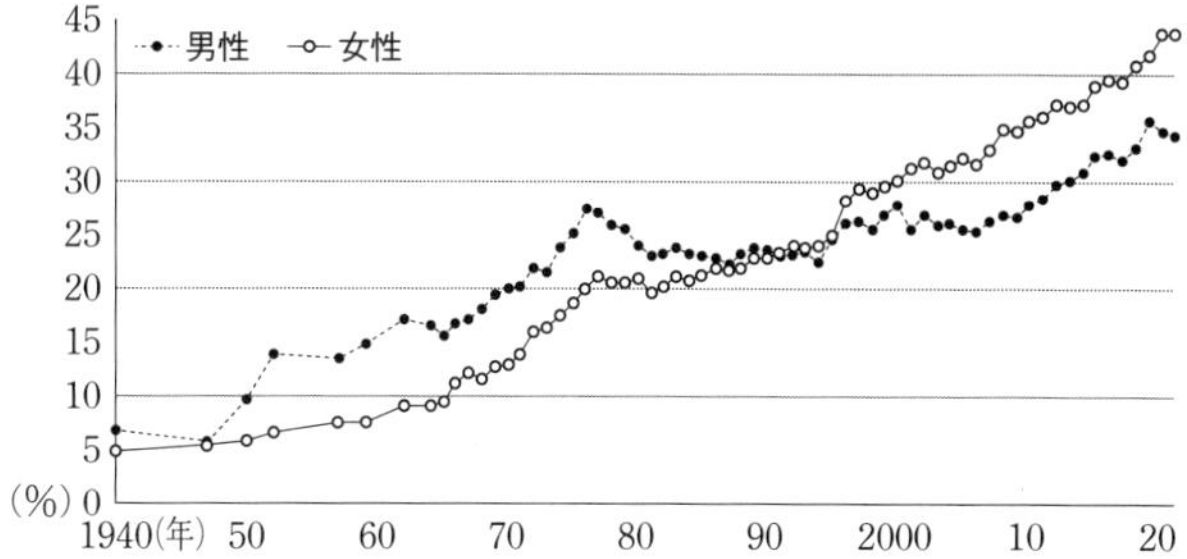

出典：アメリカ・センサス（https://data.census.gov）より、筆者作成。

とえ大卒の既婚女性であったとしても、労働参加は主たる夫に対して従たるものという位置づけでした。多くの女性にとって大学は、自身のキャリアを見つけるためというよりは、よい結婚相手を見つけるためととらえられていたようです。

一九七〇年代以降には、ゴールディンが「革命的」と呼ぶ変化が女性の労働参加で起こります。一九七〇年代以降は、女性は男性をサポートすべきといった社会規範に変化が起こり、単に報酬を得るための仕事ではなく、キャリアで女性の労働参加が論じられるようになります。ここで重要なことは、単に労働参加しているかではなく、その中身が変化したことです。

「革命的」という変化の源は、一九六〇年代にティーンエージャーだった女性たちの意識調査にみられます。彼女たちは、一九六〇年代にキャリアを意識し、その後の進学などを決めたようで、六〇年代後半以降、女性の四大卒の割合が急激に上昇しました（5−1）。単に大卒か

否かだけでなく、専攻にも変化が現れ、伝統的に女性が専攻してきた文学や言語学、家政学といった学問を専攻する女性が減りました。

このような大学教育を受けた女性たちが結婚する年齢になったときに、既婚女性の労働参加にキャリア意識という変化がみられたのです。一九七〇年代以前は、大学卒業後に多くの女性がすぐに結婚しましたが、大学がキャリアを意識したものになるにつれ、女性の結婚年齢は上昇します。また、結婚前にキャリアを積むにつれ、結婚によって改姓を選ぶ女性も減りました。[78]

欧米諸国にあった結婚退職制度

アメリカでは、既婚女性は仕事を辞めなくてはならない、もしくは既婚女性は就職できないという結婚退職制度（marriage bar）があったことについて先に触れました。結婚退職制度は、一九五〇年代にはほぼ全州で事実上撤廃されましたが、完全に違法とされるには、人種差別撤廃で有名な一九六四年公民権法を待たねばなりませんでした。

社会規範は、法律をはじめとした公式な制度と密接に関連しています。もともと存在していた社会規範が法律や規則として制定されることもあるでしょうし、仮に公式に制定されなくても、同様の強い行動規範となりうるために、インフォーマルな制度と呼ばれることもあります。

先に公式な制度として存在していれば、それに沿った行動をすべきなので、それがそのまま社会規範となるのはある意味当たり前です。結婚退職制度は、多くの企業や教育委員会で公式に決められた制度でした。以下ではゴールディンの研究に沿って[72]、アメリカをはじめとした先進国の結婚退職制度についてみてみましょう。

ゴールディンによると、アメリカで教員と事務職に関して結婚退職制度が生まれたのは、一九世紀後半でした。もともと制度は、個々の企業や教育委員会の規則として存在していました。一九三二年の連邦政府命令が、レイオフ（一時解雇）の際には、配偶者が連邦政府に雇用されている被雇用者を優先して解雇するとしたことで、事実上、多くの州政府で既婚女性の雇用が制限されました。

興味深いことに結婚退職制度は、企業や政府の事務職や教員などのいわゆるホワイトカラー職限定で、工員や家政婦のようなブルーカラー職には当てはまりませんでした。影響を受けたのは、比較的教育水準の高い中流階級の白人女性たちでした。

結婚退職制度は、第一次世界大戦中は人手不足のためか、一時的に停止されたところが多かったようです。第一次世界大戦後に制度が復活したのは、大恐慌などで職を失う者が多く、女性が男性の仕事を奪うべきではないという考え方が根強かったからでしょう。大恐慌の際には、製造業の企業にすら結婚退職制度が広がったようです。

第二次世界大戦直前には、教育委員会のうち、八七％が結婚した女性を雇うことを禁止し、七〇%が結婚した女性教員に退職を義務づけていました。第二次世界大戦中には、再び制度は停止され、その後復活することはないまま一九五〇年代にはほぼ撤廃されました。

この制度は、アメリカに限らず、多くの先進国、それも現在ではジェンダー・ギャップ指数の上位にランク付けされている多くの西欧諸国でも存在していました。多くはアメリカ同様、一九五〇年代までには撤廃されたようです。ただ、現在では西欧諸国のなかでもジェンダー平等の度合いが高いアイルランドでは、一九七三年に禁止されるまで存続していました[119]。

このように、女性が外で働くべきでない、男性の仕事を奪うべきでないという考え方は、特定の文化に限らず、多くの国に共通のものでした。同時にそのような社会規範が、比較的短期間で変わることもわかります。

米英における規範の変化

アメリカ女性の労働参加の推移をみると、社会規範が変化したうえで鍵となるのは、誰が労働参加しているのか、職種はどのようなものかの二点でしょうか。

まず、誰が労働参加しているかについてです。女性は外で働くべきでないという社会規範が強かった時代では、働いている女性の多くは貧困家庭出身で、生活のために仕方なくでした。さらに、その多くは未婚で、既婚女性が働くことについては、社会的な嫌悪感が強かったようです。このような女性たちは、働いていない女性よりも教育水準が低く、働くかどう

5−2　アメリカにおける既婚女性の労働参加率と社会規範の推移

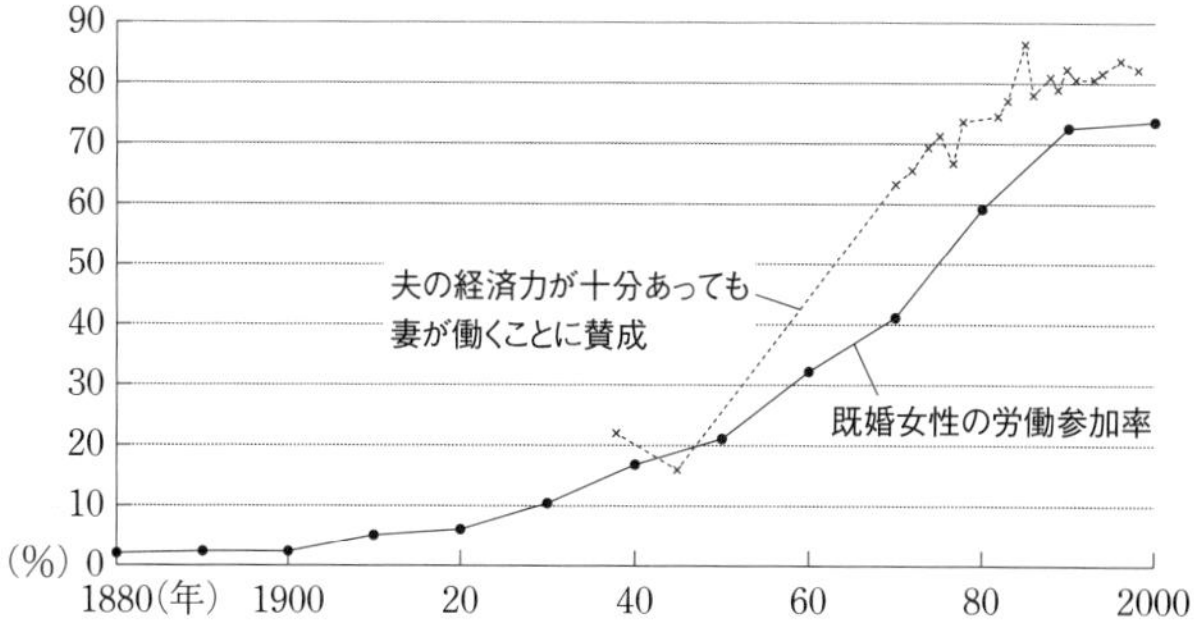

出典：Fernández（2013）の Figure 1。

かという以前に社会的地位が低いものでした。

次に職種についてです。女性が外で働くべきでないという社会規範が強かった時代では、女性が就ける職種はブルーカラー職に限られていました。仮にホワイトカラー職の求人があったとしても、貧困家庭出身の女性は教育水準が低い者が多く、ホワイトカラー職に就けるスキルがありませんでした。事務職の登場によって、高卒レベルの女性たちがオフィスで働くことが可能となり、女性が外で働くべきでないという規範は緩んでいきました。

ニューヨーク大学の経済学者ラケル・フェルナンデズ教授は、社会規範の弱体化と既婚女性の労働参加率上昇が双方向に影響し合い、同じような動きをしてきたことを示しました[61]（5−2）。ただ双方向とあるように、しっかりとした因果関係を証明したものではありません。

この研究で社会規範は、具体的には夫が十分家族を養える場合に、妻が働くことに賛成かという質問によって計測しています。フェルナンデズは、社会規範の変化が一世代前の女性の労働参加によって起こるようにモデル化しています。母親が働いていれば、息子は将来の妻の労働参加に寛容になるでしょうし、娘は結婚後働くとしても将来の夫からよく思われないことを心配する可能性は低いでしょうから、直感的にもわかりやすいでしょう。

フェルナンデズが用いたと同じような質問や、妻が夫より稼ぐことは問題だという考え方に賛成するかどうかよって社会規範を測った、イギリスのデータ（一九九一〜二〇〇八年）を使った研究もあります[79]。

この研究は、すべての家庭の社会規範を完全になくすというバーチャルな状況をつくりだし、そのような状況は、妻が家事にまったく比較優位をもたなくなることと数量的には同じ意味をもつことを示しました。要するに、女性が外で働くべきでないという規範と、女性のほうが家事が比較的得意であるという（少なくとも平均すれば当てはまるであろう）事実が、女性の労働参加を妨げる効果は同じくらいだというわけです。

データが最近のものであることから、いまだにイギリスでも、女性の労働参加を妨げるうえで、社会規範がいかに大きな影響力をもっているかを示しています。

2 根強い途上国の現状——周囲の男たちの目

南アジアや中東・北アフリカ諸国での規範

ここまで、女性が外で働くべきでないという規範が、かつてのアメリカや西欧諸国で女性の労働参加を妨げてきたことをみてきました。現在では、そのような規範はかなり弱まっていますが、それでも完全になくなったわけではないことは、イギリスの最近のデータを使った研究でもわかります。現在、このような社会規範が際立って強い国は、南アジアや中東・北アフリカ諸国です。

筆者は、南アジアでフィールド調査をしていますので、このような現状を実際に見聞きしてきました。とりわけ農村の貧しい女性の就業機会は、農業労働者や家政婦に限られ、これらの職種に就く女性は蔑《さげす》まれてきました。最近では、工場労働者としての就業機会も出てきていますが、工場で働く女性も同様に蔑まれています。縫製企業が四〇〇万人を雇用するバングラデシュでは、そのうちの八〇%が女性です[88]。工場への就業機会がある都市部では、工場で働く女性への偏見も減ってきたのでしょうが、農村部では、そのような女性への偏見は根強いままです。

筆者は、パキスタン第三位の人口をもつファイサラバード近郊の農村で毎年のようにフィールド調査を行ってきました。ファイサラバードは、パキスタンの「繊維の町」と呼ばれ、女性にも輸出向け縫製企業での就業機会があります。

二〇一七年には、工場で働く一〇代後半から二〇代前半の未婚女性にインタビューする機

5−3　パキスタンで工場就業機会のある女性がなぜ働いていないのか?

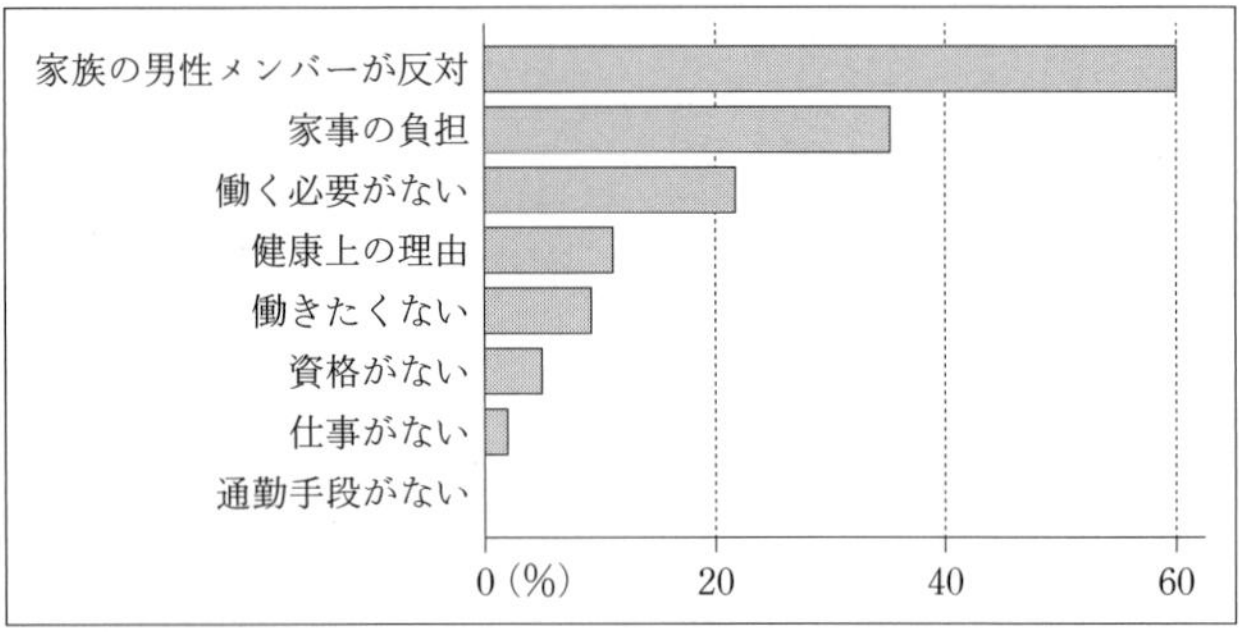

注：回答者は、ファイサラバード近郊在住の、就業していない未婚・既婚女性293名。働いていない理由に各項目が当てはまると答えた女性の割合。
出典：筆者のフィールド調査（2012年）により作成。

会がありました。インタビューに答えた女性たちは、自分が働いて家計に貢献していることを誇らしく思うどころか、恥ずかしいと思う、工場で働いているからよい縁談がないといった話をしてくれました。その父親たちのなかには、娘が工場で働いていることは秘密で、もし近所に知られたら恥ずかしくて顔向けできないので、インタビューを受けたくないという人もいました。

ちなみに、縫製工場での労働は、必ずしも劣悪な環境と低賃金での搾取というわけではありません。とりわけ筆者のインタビューは、公式に法人登録した輸出向け企業で働いている女性を対象としたため、彼女たちの多くは、兄弟や父親よりも稼いでいます。それにもかかわらず、工場で働くことを恥ずかしいと思っているのです。

女性が外で働きたいと思ったときに、妨げとなるものはいろいろあります。適した仕事がない、通勤手段がない、子どもがいれば家事や育児の負担などもあるでしょう。パキスタンのような南アジアで、女性が働きたいと思ったときに、妨げとなるものは何でしょうか。筆者は、先のファイサラバード近郊でこれを調べてみました。

5-3は、ファイサラバード近郊で、二〇一二年インタビュー時点で働いていない未婚・既婚の女性二九三名に対し、働いていない理由を聞いたものです。圧倒的に身内の男性からの反対が大きいことがわかります。夫や父が働くことを許してくれない女性が多いというのが現状でしょうか。女性が外で働くべきでないという規範が、女性の労働参加を大きく妨げているのです。

女性隔離の慣習

南アジアや中東・北アフリカ諸国で、女性が従事していても恥ずかしくないと思われている職業のひとつに教師があります。もっと教育水準が高ければ医師なども考えられますが、一部のエリート層に限られた職業なので、多くの中流階級の女性が現実的に考えられる職業として、ここでは教師を取り上げます。

南アジアや中東・北アフリカ諸国では、パルダという女性隔離の慣習があります。親族以外の男性との会話や接触をよしとしない慣習です。女性が外で働けば、職場でもそうですが、通勤中も男性と接触、少なくとも会話をすることは避けられません。先述したファイサラバード近郊の工場労働女性の多くは、通勤中はアフガニスタンの女性が被っているようなブルカを頭から被っています。ブルカは目のところがメッシュになっていて、内側から前が見えるようになっているだけなので、外側からは顔もわかりません。職場ではブルカは着用せず、スカーフで頭は覆うが顔は出すというスタイルが多いようでした。

コミュニティが決定づけるパルダの慣習が、女性の労働参加を妨げている要因のうちで四分の一ほどを説明することを実証した研究があります[15]。四分の一を大きいと思うか、小さいと思うかは人それぞれでしょうが、残り四分の三はパルダ以外の理由が妨げとなっていることになります。

南アジアや中東・北アフリカ諸国のパルダの慣習という地域独特の文化が、女性の労働参加を妨げていることは間違いありません。しかし、先進国でもかつてみられたような、女性が外で働くべきでないという共通の規範のほうが、女性の労働参加を妨げているのかもしれません。

パルダの慣習が、女性の労働参加を妨げていると言い切れない理由のひとつは、教師も工場労働者同様、職場や通勤中に、男性との会話や接触は避けられないからです。

では、工場労働者と違って教師はなぜ尊敬されているのでしょうか。ひとつには、教師を送り出す家庭の社会的地位があるでしょう。南アジアはカーストや身分制度が根強く残る社会で、男女の差よりも階層の違いのほうが重要な側面もあります。農村社会で地位が高い家

5－4　パキスタン・ファイサラバード近郊の未婚女性の職業別年間所得、2014年

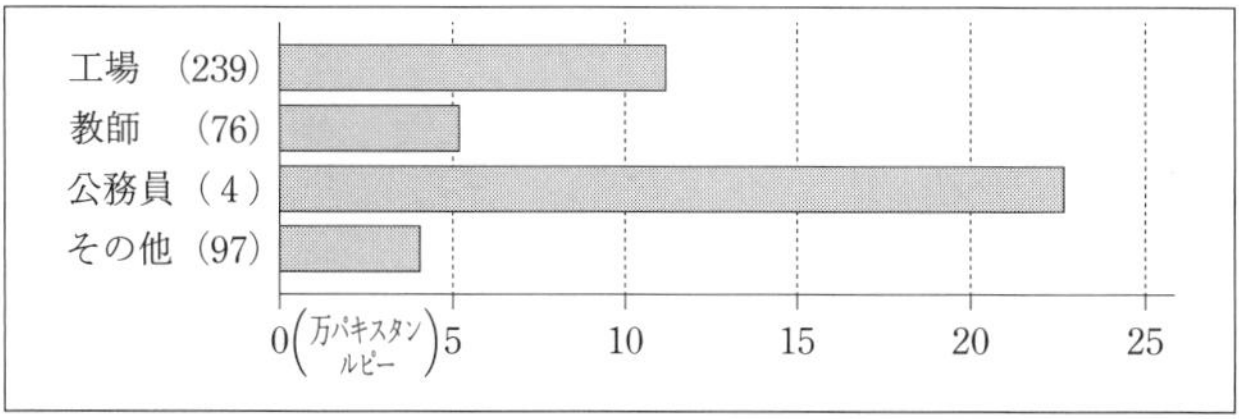

注：カッコ内の数字は、各職業に従事している女性のサンプル数。本調査の目的から、工場労働者は法人登録した輸出向け縫製工場で働く者を優先的にサンプリングしている。教師はランダムにサンプリングした結果、76人中74人は私立校の教員である。その他の職業は、農業労働者、家政婦、レンガ職人、伝統的サービス業、などを含む。
出典：筆者のフィールド調査（2014年）により作成。

庭出身の者しか就けない職業として、教師は男女を問わず伝統的に尊敬されてきたのだろうと思います。日本の農村社会でも似たような状況があったでしょう。

教師の所得は必ずしも高くない

興味深いのは、教師は多分に名誉職のようなところがあって、必ずしも所得が高いわけではないことです。パキスタン農村では、娘が就業する職種として教師なら許すという父親が多いのですが、これは工場労働者に比べて、教師が稼げるからではありません。

5－4は、パキスタン・ファイサラバード近郊で、二〇一四年に未婚女性の就業機会について調査した際、実際に彼女たちがどれほど稼いでいるのかを聞いたものです。平均すると教師の所得は、工場労働者の半分にも満たないのです。

農村で教育水準の高い女性の多くが実際に就業する教師とは、公立校の教師、つまり公務員ではなく私立

校の教師です。5-4の教師は七六人ですが、七四人は私立校教師です。これは、私立校の教師を優先的に選んで調査対象にしたわけではなく、ランダムに選んだところ、このような比率でした。教育水準が高い者は皆が公立校教師になりたいと思っていますが、競争率が高すぎて現実には難しいのです。一方で工場労働者については、公式に法人登録した企業で働く者を優先的に調査対象にしました。このような工場では、少なくとも最低賃金以上の所得があります。

南アジア農村には多くの私立校が設立されていますが、日本での私立校のイメージとは違い、寺子屋や私塾に近いものです。典型的には、公立校で教員経験のある男性が志をもって設立し、そのまま校長を務めることが多く、私立校の校長の所得がだいたい公立校の一般教員と同等です。

南アジアの農村では、多くの父親が高卒水準以上の娘について、教師だったら働いてもよいと考えています。最近では高卒以上の女性が増え、教師候補も増えています。経済学では「労働供給」、つまり働きたい人が増えているといいます。一方で、それほど教員の募集があるわけではなく、「労働需要」、つまり雇用する側の求人は変化がないままです。労働需要は変化がないまま、労働供給が増えているので、労働市場で決まる賃金が低くなるのです。教師の所得が工場労働者の半分にも満たない理由はこれです。

なぜ、賃金が魅力的であるにもかかわらず、女性は工場で働きたがらず、父親もそれを許さないのでしょうか。

考えられるひとつの理由は、第4章で触れたような、ロールモデルが存在しないことです。教師は農村でも伝統的にある職業なので、女の子たちにも、自分が教師として働くことや、父親にも娘が教師として働くことを想像できるでしょう。対照的に、法人登録した輸出向け縫製企業は、比較的新しい就業機会であり、ロールモデルが存在しません。女の子たちにもその親にも、どのような職場なのか想像できないということが考えられます。

筆者たちは、ロールモデルに触れる機会を与えることで、南アジア農村女性の労働参加がどのように変化するかについて、実証研究を進めているところです。

家族の意識を変えようとする試み

近年、とくにインドの都市近郊の農村で、新しい事務職の就業機会も生まれてきました。具体的には、第1、2章で触れた英語圏先進国による事務職のアウトソーシングによる、データ入力やコールセンターのテレホン・オペレータといった職種、BPOです。インドについてIT産業がめざましく発展しているイメージをもっている人も多いと思いますが、多くの女性が現実的に考えられる職業は、IT産業ではなくBPOでしょう。

一九三〇年代以降のアメリカで、女性が就いても恥ずかしくない仕事として事務職が登場してきたことと同様に、事務職は南アジアや中東・北アフリカ諸国でも女性が就く仕事として受け入れられつつあります。しかし、事務職であればスムーズに受け入れられているのか、というとそうでもなく、根強い社会規範を克服することはそれほど容易ではないようです。

南アジアや中東・北アフリカ諸国など家父長制の根強い地域では、既婚女性であれば夫が、未婚女性であれば父や兄が、彼女たちが働くことについて決定権をもっていることが多いです。このため夫や親たちの意識改革を目指したランダム化比較試験（RCT）が実施されてきました。

シカゴ大学経済学部で社会規範と経済行動に関する研究を行うレオナルド・バーズティン教授たちは、妻が外で働くことの決定権を夫がもっているサウジアラビアで介入実験を行い、なぜ夫は妻が働くことに反対するのかの問いに迫りました[36]。この研究では、多くの既婚男性は妻が外で働くことに賛成しているにもかかわらず、周りの仲間の男性たちは反対だろうと間違って認識しているため、自分も妻を働かせないという意思決定にいたっていることを明らかにしました。間違った認識を是正されたグループでは、妻を働かせてもよいと思う男性が増えました。ここで対象としているのは、ミドルクラスが就くような事務職です。

筆者はパキスタン農村で、若い未婚女性の親たちを対象に、法人登録した輸出向け縫製工場の職場環境に関する情報を与えるというRCTを実施しました。工場労働なので、伝統的には恥ずかしいと思われてきた職業です。しかし、ブルーカラー職であっても法人登録した輸出向け企業なので、賃金が比較的高く職場環境がよいことが、伝統的な工場労働との違いです。そのような新しい就業機会の情報を与えられたことで、親の意識が変化しうることを示しました。[112]

周囲の目を気にしての行動

一方で、たとえ事務職であっても、簡単に社会規範を乗り越えられるとは限りません。これは、プリンストン大学のシーマ・ジャヤチャンドラン教授たちの研究からわかります。[45] ジャヤチャンドランらは、インドで事務職同様に、女性に適しているとみなされ、かつミドルクラスの女性たちが現実的に就ける幼稚園教諭という職種に着目します。そのうえで女性の家族、具体的には未婚女性であれば両親、既婚女性であれば夫を対象に家族の意識改革を目指した介入実験を行いました。具体的な介入内容は、実際に幼稚園教諭として働いている女性の動画などをとおして、職場環境が安全であること、働くことで人間的な成長をもたらすといった利点があることなどを伝えるという簡単なものです。

結果は、意識改革を目的とした介入を受けても、女性が幼稚園教諭として働くかどうかに影響がなく、また、そのことについての家族の意識にも変化がありませんでした。ジャヤチャンドランたちは、社会規範を変えるには家族単位に軽く働きかけるだけでは効果がなく、コミュニティレベルで改革する必要があると結論づけました。

家族の意識がそう簡単には変わらないという点では、先のバーズティンたちや筆者の研究とは反対の結果です。この分野では、さらなる実証研究の蓄積が必要でしょう。他方で、バーズティンたちの研究も、自分たちがどう思うにせよ、社会規範、すなわち周りの目を気にして行動を決めていることを示唆した点では、通じるものがあります。

さらなる実証研究の積み重ねが必要であるにせよ、状況次第では規範は意外と簡単に変化する可能性もあります。女性にとって適していても、これまであまり知られていなかった就業機会の情報を与えるだけで、女性の労働参加率が上昇したことを示した有名な研究があるからです。

それは第2章で紹介したジェンセンの研究です。[90] BPOの就業機会が新しくできたインド農村で、若い女性を対象にその情報を与えるワークショップを開催するという介入実験を行ったものです。BPOの仕事は事務職であり、教育水準もある程度必要なミドルクラス女性に適している職業といえ、また、賃金も教師などの伝統的な仕事よりも高く、より魅力的なのでしょう。仕事の魅力が強ければ、社会規範は案外簡単に変わるのかもしれません。

＊

長期的にみれば、女性が外で働くべきではないという規範は変化していくでしょう。規範自体は世界共通の価値観だったとしても、その変化のスピードには地域特有の事情があるかもしれません。ホワイトカラー職でなくても、バングラデシュの都市部では、三〇〇万人を超える女性が縫製業で働いています。縫製業は、二〇一三年にバングラデシュの首都ダッカのラナプラザで起きた崩壊事故が象徴するように、途上国の女性が低い賃金をはじめとした劣悪な労働条件で搾取されているイメージがあるかもしれません。

しかし、多くの場合、多国籍企業傘下の工場や先進国と貿易をしている工場で働く女性たちの労働条件は、同じような教育水準の女性が就けるほかの職業に比べて、決して悪いわけではありません。その地域の女性やその家族にとって、魅力的な就業機会が生まれれば、社会規範は変化していくでしょう。その変化の背後にあるグローバリゼーションの流れは不可逆的です。いずれ規範が変化していくことも不可避だろうと思います。

魅力的な就業機会という要因のほかには、労働市場一般の変化も考えられます。日本では、高度経済成長期にみられた、男性が外で働き、女性は家で家事・育児に専念するという世帯モデルは崩れました。共働き世帯が七割近くとなり、この背景のひとつには、終身雇用制度が崩壊するなど、一人の労働力ではなかなか生活の不安が拭《ぬぐ》えないこと、経済的に厳しいことがあるでしょう。アメリカの二つの世界大戦期にみられたように、労働力不足などの要因も規範の変化につながるでしょう。

「持続可能な開発目標」（SDGs）の目標5がジェンダー平等を実現することを掲げているように、女性の社会進出にとって好意的な意識変化も大きいでしょう。しかし、家父長制の強い社会では、女性が社会進出できずにさまざまな可能性を逃し、家庭内でも発言権の低い現状であることは否定できません。

第6章　高学歴女性ほど結婚し出産するか

恋愛結婚が主流の現代の日本人にとっては、「結婚市場」という用語に違和感を覚える方もいるかもしれません。市場というと、奴隷を売り買いするかのように、花嫁や花婿が売り買いされるイメージを抱かれるかもしれません。

しかし、たとえ恋愛結婚であっても、お互いの純粋な愛だけで結婚が決まるわけではないでしょう。結婚仲介サービスにおける条件の提示は、当事者が結婚市場における自身の価値を提示します。見合い結婚でも、身上書をやり取りして条件をあらかじめ提示します。結婚を市場の枠組みで理解することが、よりしっくりくるかと思います。歴史を振り返れば、恋愛結婚が日本で主流となったのは最近のことで、一九六〇年代以前は、結婚は親が決めるかたちが主流でした。

先述したクラウディア・ゴールディンによれば、アメリカでも一九六〇年代くらいまでは、女性が大学に行くのは、よい仕事に就くためではなく、よりよい結婚相手を見つけるためでした[74]。経済学で教育投資というのは、教育を受けた分だけ将来労働市場でより稼ぐことができ、投資コストに見合う分を回収できるという期待を前提としていますが、同じ論理が結婚市場にもいえます。つまり、教育を受けた分だけ将来結婚市場で高いリターンが期待できるということです。

南アジアや中東・北アフリカ諸国など女性の労働参加率が低い国では、結婚は女性にとって、就職と同じように生きるための術《すべ》であり、死活問題です。このような国では恋愛結婚は都市の高等教育を受けた層に限られ、多くの人たちは親が決めた相手と結婚します。こうした地域では、結婚は、双方の家柄や出自、社会的地位、経済力、教育水準などをもとにした、親による経済的意思決定であると理解されています[20]。

1 結婚を市場として考える——ベッカーの理論

結婚のメリット

結婚を市場という経済学の枠組みで分析できることを最初に示したのは、一九九二年のノーベル経済学賞を受賞したゲイリー・ベッカーです。

ベッカーの理論モデル[23-25]は、現実に人びとが結婚の意思決定をするときに考えるような要素で構成され、直感的に納得できることが多いです。ただ数学を使ったモデルであり、専門家以外の人が理解するにはハードルが高いと思われます。ここでは簡単にそのエッセンスのみを紹介しましょう。

まず、結婚することのメリットは何でしょうか。

ひとつは分業のメリットです。二人がそれぞれ比較優位をもつ分野に特化すれば、必ず分業によるメリットを得られます。比較優位については第1章で触れましたが、その正しい理解のために強調したいことは、絶対優位と違い、誰でも何かにおいて必ず比較優位をもつということです。ただこの正しい理解がなくても、本書を読む分には問題はありません。

たとえば、現実の世界ではいまだ労働市場では女性が不利な立場にある一方で、家事労働は、思い込みや結果的にではあれ女性のほうが得意であるケースが多いでしょう。つまり、男性が外で働くことに絶対優位をもち、女性が家事労働に絶対優位をもつケースが多いかと思います。この場合では、比較優位の正しい理解を待つまでもなく、それぞれ得意分野、もしくは得意とされる分野に特化することで、分業のメリットが得られるだろうことは、直感的に理解できるでしょう。

もうひとつのメリットは何でしょうか。それは、結婚生活で夫婦どちらか一方の時間を費やせば済んでしまう、家事や育児によって得られる成果を夫婦ともに享受することができるという点です。

ベッカーは、時間を使う家事や育児といった金銭的な対価のない活動について、「家庭内生産」という概念を取り入れました。具体的に家庭内で生産されるものは、家族の日常の食事、洗濯、掃除、身の回りの世話、子どもの学習のサポート、送り迎え、旅行の計画などさまざまです。愛情といった抽象的なものも含まれます。これらを「家庭内生産財」(以下は家庭財)と呼びます。家庭財は家族の一員であれば、お金を払うことなく享受できます。

これに対して、お金を払わなければ自由に使えない、さらに他人が消費してしまえば自分は消費できないのが「市場財」です。食品や日用品、車など、私たちが通常お金を払って手に入れるもののすべてが市場財です。家庭財の生産には、それを担う人の時間だけでなく、この市場財が投入されます。

家事・育児を行ってもらい、自分の時間を費やすことなくその恩恵を無償で受けられる人にとっては、結婚はメリットが大きいでしょう。そういう人は自分の時間を稼ぎを得ることに特化させることで、家事・育児といった家庭財の生産にも不可欠な、食材、教材、自家用車など市場財の購入に充てればよいのです。逆に、自分の貴重な時間を外で働き稼ぐことに費やすより、家事・育児に特化したほうがメリットの大きい人もいます。

独身にメリットを感じる人

では、分業のメリットが得られない、独身であることのメリットは何でしょうか。

独身の場合、自分の時間と自分が稼いだお金で買った市場財を投入して家庭財を生産します。料理や洗濯などの財やサービスを自分で生み出し消費して楽しむだけで、配偶者が生産してくれた家庭財を自分が消費して楽しむことはできません。

他方で、結婚している場合には、配偶者が消費して楽しむための料理や洗濯などの家庭財の生産に、自分の貴重な時間を投入しなければならないかもしれません。結婚によって家庭内生産にかかる時間が、独身であるときより大幅に増える人にとっては、その分外で働く時間が大幅に減って自分の稼ぎが減るので、独身のほうがメリットになりえます。

自分の貴重な時間を家族のための家事・育児に費やすよりは、それをせずに浮いた時間をもっぱら外で働いて稼ぐことに使い、家事は自分向けのみ最低限の時間を費やすか、もしくはアウトソースするほうが効用が高い、つまりはそれがより幸せと思う人にとっては、独身のほうがメリットが大きいでしょう。

2　女性の労働参加と結婚率——先進国内の格差

大卒女性ほど結婚し出産する

経済学用語では、Aという活動を行ったけれど、代わりにBという活動に時間を費やせば得られたであろう利益のことを「機会費用」と呼びます。「逸失利益」といい換えたほうがわかりやすいかもしれません。具体的には、結婚した女性が外で働けばその分の賃金が得られたにもかかわらず、実際には専業主婦という選択をしたために稼げなかった賃金は逸失利

6−1　ヨーロッパ諸国大卒・非大卒女性別出生数、2020年

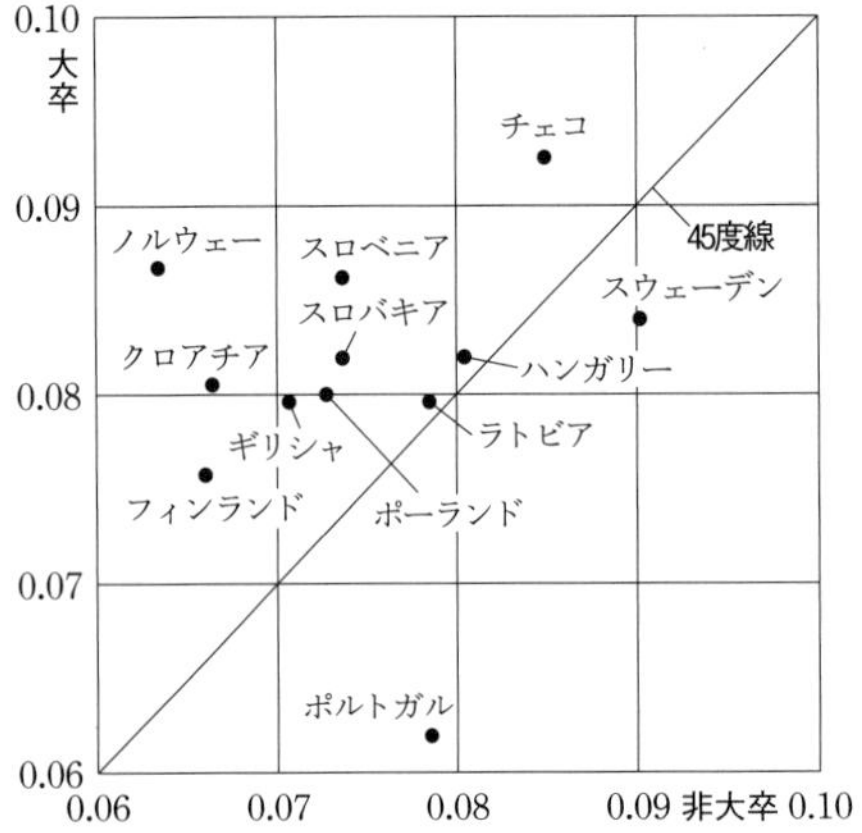

注：大卒・非大卒別女性（20〜39歳）人口当たり1年に産んだ子どもの数。ヨーロッパ諸国のうち、大卒・非大卒別出生数を計上している国のみ。45度線上は大卒と非大卒女性の出生数が等しいことを表す。
出典：Eurostat LFS（https://ec.europa.eu/eurostat/web/lfs/data/database）および Income and living conditions（https://ec.europa.eu/eurostat/web/income-and-living-conditions/database）から筆者作成。

益です。

ベッカーのモデルは、比較優位にもとづく分業のメリットと家庭内生産をモデルに組み入れ、独身であるのか、結婚する場合誰をパートナーに選ぶのかといった意思決定を分析します。たとえば、このモデルではスキルを身につけた女性が結婚して家庭に入ってしまうと、仮に働いていれば得られたであろう逸失利益が大きいことになります。

より具体的には、学歴やスキルを身につけた女性にとっては、結婚による分業のメリットよりは、家庭に入ってしまうことの逸失利益のほうが大きくなってしまうかもしれません。その一方で、スキルがそれほど

6−2　**先進国（欧米とアジア）女性の労働参加率と出生率の関係、2019年**

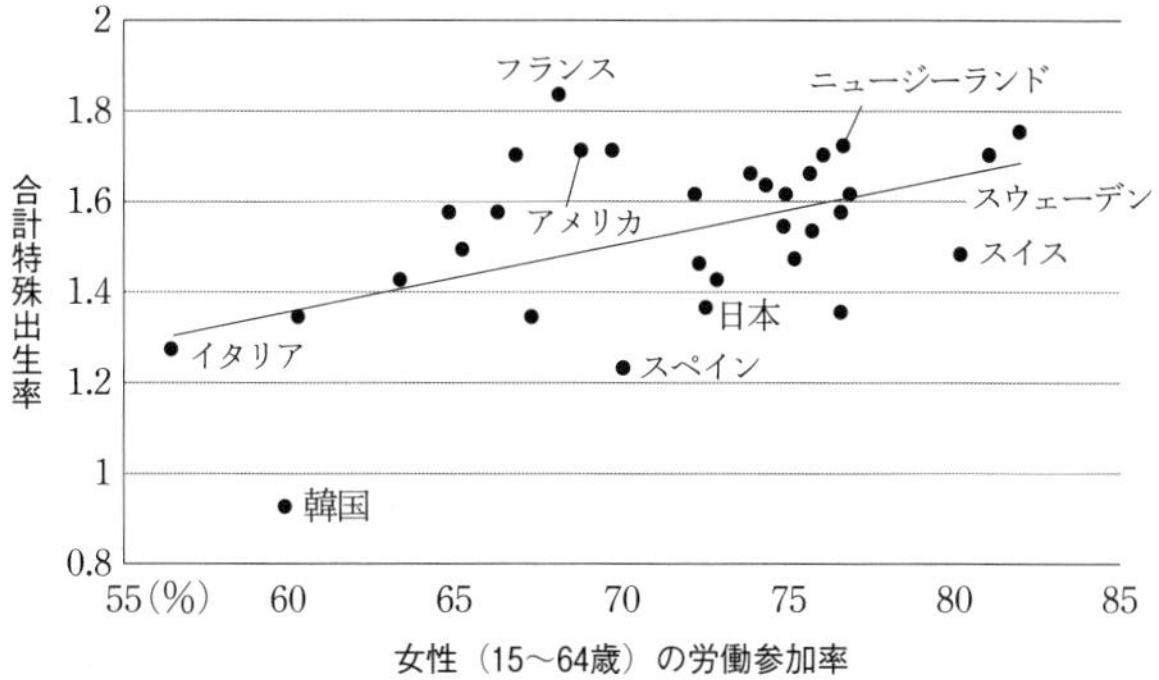

注：合計特殊出生率はその国の女性が一生のうちに産む子どもの数の平均。労働参加率は、各国とも基本的にILOの定義に従い、労働人口（15〜64歳）のうち何らかの仕事をしている、もしくは求職をしている人口の割合。近似線は各国データのなるべく近くを通るように引いた直線。
出典：OECD統計（https://stats.oecd.org/）をもとに筆者作成。

ない女性にとっては、結婚して家事に専念しても、逸失利益はそれほど大きくないでしょう。このような理由から、女性が高学歴化し社会進出すると、結婚する女性が減り、少子化につながるようなイメージをもっている人もいるでしょう。

ところが実際には、先進国に限ってみれば、大卒女性ほど結婚し、子どもを産むことがわかっています。6−1はデータが公開されているヨーロッパ諸国について、大卒と非大卒女性に分けて出生数を表したものです。またこれだと国が限られるので、先進国では大卒女性ほど社会進出していることから、6−2は欧米とアジアの先進国について、女性の労働参加と出生率の関係を示しています。

たしかに東アジア・南欧諸国については、

大卒女性のほうが独身で、子どもがいる確率が低いです。対照的にもっともジェンダー平等が進んでいるとされる北欧諸国では、大卒の女性は非大卒の女性に比べて結婚し子どもがいる確率が高いです。アメリカなどはその中間に位置づけられるでしょう。

先進国に限ってみれば、一九七〇年代までは女性の労働参加率が高い国と少子化はたしかに相関していました。ところが、興味深いことに現在の先進国では、少子化はより女性の労働参加率が低く、家事にかかる労働時間が長く、離婚率が低い国で進んでいます。日本や韓国、南欧諸国、ドイツなどがこれに当てはまります。

ハーバード大学のトーベン・イヴァーセン教授とイェール大学政治学部の元教授で日本政治を専門としたフランシス・ローゼンブルースによると、離婚してもすぐに元のように労働市場に復帰できるような国では、女性はおそれずに子どもを産むようです[89]。

日本のひとり親の現状

日本では、結婚や育児によって一度労働市場から退出してしまうと、パートタイムというかたちでの復帰は簡単でしょうが、以前に正規職員だった場合、復帰が難しい現状があります。本来はひとり親がパートタイム就業に多いことを示すことができればよいのですが、ひとり親やパートタイムとフルタイム別就業率がわかるＯＥＣＤのデータでは、日本については公開されていません。

6−3　先進国におけるひとり親の就業率と相対的貧困率の関係、2008年

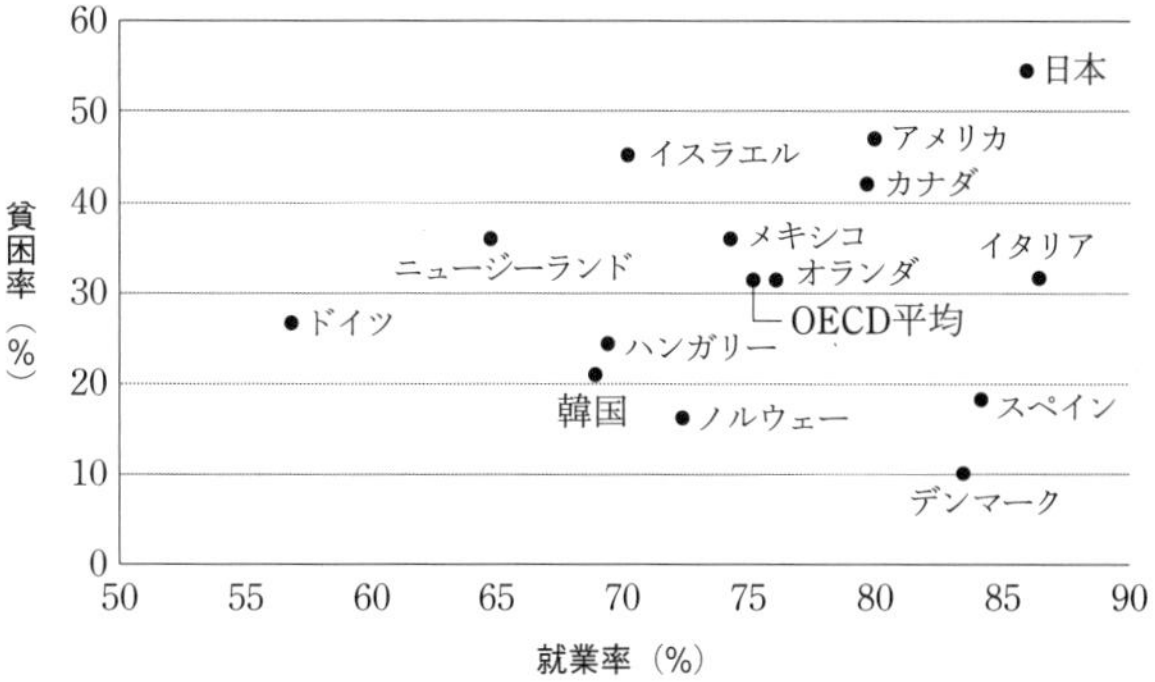

注：相対的貧困率は、等価可処分所得（世帯人数で調整した世帯の可処分所得）の中央値の50%未満の世帯にいる子ども（0〜17歳）の割合。
出典：OECD（2011）*Doing Better for Families*（https://doi.org/10.1787/9789264098732-en）Table 6.A1.1をもとに筆者作成。

代わりに、日本のシングルマザーがいかに復帰できないか、働いても貧しい状態にあることを示します。6−3は先進国のなかで日本が、ひとり親が働いている割合はイタリアに次いで二番目、その貧困率はもっとも高いことを示しています。日本ではひとり親は八五%が母親です。働いているシングルマザーの貧困率と読み替えても問題ないでしょう。

さて、6−3が示すとおり、日本のシングルマザーは働いているのに貧しいというのは衝撃的です。労働市場への正規職員としての復帰が難しく、離婚したら貧困に陥ってしまうことが、日本で離婚という選択肢を減らしている、つまり家庭内交渉力を下げていることとは疑いありません。しかし、それが少子化にまでつながっている可能性は、あまり認識されていないようです。労働市場への復帰が

難しければ、安心して子どもを産んでいられません。その可能性は十分あるでしょう。

先進国内の地域差

大卒女性の結婚率から非大卒女性の結婚率を引いたものを「結婚ギャップ」といいます。シカゴ大学の労働経済学者マリアンヌ・ベルトラン教授たちによる研究は、国によって結婚ギャップが異なることの原因を、ジェンダー規範、より具体的には、男性は外で働くべき、女性は家事・育児に専念すべきという考え方がどれほど強いかによることを実証しました[26]。この研究では複数国間の比較によっても、アメリカ国内の各州の比較によっても、ジェンダー規範が弱いところほど、結婚ギャップがよりプラス、つまり大卒女性のほうが非大卒女性より結婚率が高いことを明らかにしています。

アメリカ国内のデータであれば一九七〇年代から現在まで利用できるため、経済成長によって女性の就業機会が増えると、結婚ギャップがどのように変化してきたかも確かめることができます。ベルトランたちの分析によると、ジェンダー規範が強い州では、結婚ギャップはマイナスのままでした。対照的にジェンダー規範が弱い州では、大卒女性の賃金が上昇するにしたがって、結婚ギャップはU字に変化する、つまりいったんは下がり、その後上昇することがわかります。一九九〇年を境に、ジェンダー規範が弱いところでは、非大卒女性に比べて大卒女性の結婚率のほうが一貫して高いのです。

男性並みに働くとモテないのか

北欧諸国ほどジェンダー平等が進んでいるわけではありませんが、それでもアメリカは、日本に比べれば女性が働き、男性が家事を分担するイメージがあるでしょう。実際にアメリカのジェンダー・ギャップ指数ランキングは四三位と、一二五位の日本に比べれば、そのイメージ自体は間違っていません。

ところが、そのようなアメリカでも、女性は男性より出世すべきでない、女性は男性より稼ぐべきではないといったジェンダー規範は根強く残っています。この現象を結婚市場という枠組みで理解できることを示した研究があります。

シカゴ大学のレオナルド・バーズティンたちの研究は、アメリカでもエリートとされる経営学大学院（MBAを取得するための、いわゆるビジネススクール）に在籍する学生を対象としました[35]。MBA課程に進む女性は、当然キャリア志向が強く、卒業後は男性並みに投資銀行やコンサルティング会社などで働くイメージがあるでしょう。ところが、そのようなキャリア志向の強そうな女性であっても、結婚市場を考慮して、つまり男性が結婚相手として望むような行動をしていることをこの研究は実証しています。

バーズティンたちの研究では、女性を女性だけのチームと男性との混合チームにランダムに分け、それぞれのチームに入った女性の行動の違いに着目します。混合チームに入った末婚の女性は、あまり競争的でなく、野心も強くなさそうな意思決定をしました。こうした遠慮がちにみえる行動は、女性だけのチームに入った女性にはありません。また、混合チームの既婚女性にもみられなかったそうです。この違いについて研究は、混合チームの未婚女性は、男性受けすることをひとつの行動基準にしたと結論づけました。

他方で、マリアンヌ・ベルトランと同じシカゴ大学経済学部のエミール・カメニカ教授たちは、アメリカのデータを使って、夫より稼ぎそうな女性は結婚確率が低いことを示しています[27]。この研究では、稼ぐ女性ほど結婚しないという単なる相関関係ではなく、結婚市場において成婚するカップルをランダムに仮想的につくりだし、カップルの所得比を推定し、因果関係を証明しています。

アメリカでは女性の労働参加は、北欧諸国のように結婚市場でプラスに働くまでいかなくとも、少なくともマイナスにはなっていませんが、あくまで男性より稼がないことが好ましいということでしょうか。

女性が積極的に働くと結婚生活は……

ベルトランとカメニカたちの研究は、端的にいうと男性より稼ぎそうな女性は結婚市場ではモテないことを示しています。さらに、彼女たちの研究は、結婚市場における評価と実際の結婚生活で望まれる特徴が一致していることも示しました。つまり、結婚生活でも妻が夫より稼ぐことを好ましくないどころか、問題だとみなすため、そうなってしまいそうな女性が結婚市場でモテないということです。

結婚生活でパートナーが稼いでくれるほど、結婚生活が潤って自分も得をしそうですが、そうではないのはなぜでしょうか。ベルトランとカメニカたちの研究はその理由について、夫より妻のほうが稼ぐと、家庭内に不協和が生じるからだろうと結論づけています。

彼女らがデータで示したのは、妻が夫の所得を超えそうになると、急に妻が働くのを辞める、能力に比べて労働時間を減らす、また、仕事を辞めずとも家事労働をより負担するといった傾向があることでした。このようなカップルは、結果的に結婚生活に満足できず、離婚率が高いことも示しました。この研究は、パネルデータ（同一の標本を継続して観察・記録したデータ）を用いることで、夫婦のそれぞれの所得と、一年後と二年後の家事労働や離婚率を同じ夫婦内で比較することで因果関係を証明しています。

妻がより稼ぐようになったことで、仕事も忙しいだろうに、そこに家事の負担まで増えたら、不満も募るでしょうしケンカも増えそうです。

結婚生活が不協和になる背景には、妻が夫より稼ぐことはよくないという規範が根強くあるからでしょう。興味深いのは、そのような規範は教育水準の低いカップルにより強い一方で、離婚にいたるのは教育水準の高いカップルのみにみられることです。

後者の理由は夫婦ともに経済的に自立しているからでしょう。では前者の理由はなんでしょうか。推測ですが教育水準の高い人たちには、妻が夫より稼ぐことはよくないと答えるべきではないと考え、社会的に望ましい回答、この場合は、よりジェンダー平等的な回答をする傾向にあるのかもしれません。教育水準の低い人たちが、正直に答えるのに対して、ジェンダー規範に関する無意識の思い込みは、実は教育水準にかかわらずあるのかもしれません。

ジェンダー格差の小さいスウェーデンのデータを使い、同じように因果関係を示した実証研究があります。この研究では、妻が昇進すると離婚率が上がる一方で、夫の昇進にはそういった効果がないことを示しました。[65] さらに、こういった離婚率の上昇は、伝統的なカップルによりみられたそうです。なお伝統的カップルについては、価値観を主観的な回答で測っているのではなく、夫婦の年齢差や育児休業期間の格差という客観的な指標によって測っています。

3 結婚持参金と婚資による分析——途上国の内情

結婚時の金銭・貴金属の授受

途上国の結婚では、花嫁・花婿の家族間で、結婚時に金銭や貴金属が送られます。第2章でも触れましたが、花嫁側から花婿およびその家族へ送られるものを結婚持参金（ダウリー）、花婿側から花嫁側に送られるものを婚資《こんし》といいます。ダウリーは南アジア諸国で、婚資はサハラ以南のアフリカやインドネシアをはじめとしたイスラム諸国でよくみられますが、それぞれ地域がはっきりと分かれるわけではありません。パキスタンやバングラデシュのような南アジアのイスラム教徒の多い国では、ダウリーのほうが主流のようです。

金銭や貴金属が花嫁側と花婿側のどちらからどちらに送られるかが分かれる理由については、世界的に主流である嫁入りを前提としたうえで、デンマークの経済学者エスター・ボーズラップが整理しています[33]。

それによると、サハラ以南のアフリカ諸国では、女性が労働参加して家計の所得に貢献しているので、花嫁側は結婚によって貴重な労働力を失うことになります。この失う分を補償するかたちで、婚資が花婿側から花嫁側に送られます。対照的に南アジア諸国では、女性の労働参加率がとても低いため、嫁入りによって一人分の食い扶持が花嫁側から花婿側に移ることになります。この費用を補償するために、ダウリーが花嫁側から花婿側に送られることになります。

ダウリーと婚資の性格については、ゲイリー・ベッカー[25]以降、結婚市場で決定される価格であると考えられてきました。英語で「ブライド・プライス」という婚資については、文字どおり花嫁に付けられる価格という理解に異論はないようです。しかし、ダウリーについては、花婿に付けられる価格とみなすことができるかはコンセンサスがありません。

筆者を含むいくつかの実証研究は、ダウリーは花婿側に送られるというよりは、花嫁の両親が娘に贈る嫁入り道具[110]、もしくは生前贈与[148]であることを示しています。おそらくダウリーは、花婿に付けられる価格、もしくは花嫁と花婿双方の価値によって相対的に決まる価格、嫁入り道具、花嫁の両親による生前贈与といったさまざまな性格を合わせもち、地域によってその性格も異なるのでしょう。

国際的にはダウリーと婚資はともに悪習と認識され、ダウリーについては実際には法律で禁止されている場合が多くあります。

たとえば、インドでは一九六一年の段階で法律で禁止されました。しかし、ほとんど実効性がないのが現状です。ダウリーや婚資は途上国特有の慣習と思われますが、先進国でもかつては存在していました。結納金や嫁入り道具は、現在の日本でも一部の地域でいまだにみられる慣習でしょう。西欧でもダウリーの慣習が存在した時期がありました。

ダウリーの高騰とその影響

ブリティッシュコロンビア大学のシワン・アンダーソンは、インドのカーストのような階層がない社会では、近代化によって男性の所得が上昇するとダウリー額は減り、カーストがある社会ではダウリー額が上昇することを理論的に示しました[8]。アンダーソンの研究は、近代化によってこういった慣習が廃《すた》れていくなか、なぜインドではダウリー額が増え続けているのかという疑問に答えようとしたものです。

アンダーソンのモデルでは、インドの女性は労働参加しないので比較的同質とみなしました。その一方で男性は、近代化によりＩＴ産業をはじめとしてさまざまな収入を得る機会、つまり稼得《かとく》機会が生まれました。その結果、男性の稼得能力に差ができ、よく稼ぐ男性に人気が集中し、ダウリーの高騰が起きていると結論づけています。

インドでは法律で禁止されているにもかかわらず、ダウリー額が増え続け社会問題となっています。日本語にも翻訳されたジャミラ・ヴァルギーズの『焼かれる花嫁――インドの結婚』[143]は、ダウリーが少ないことを理由として、花嫁が花婿とその家族に殺されるダウリー殺人をテーマにしています。ただし、本当にダウリーが原因となって殺人が起きているかは議論の余地があることを付け加えておきます。

また、インドで女性に対する男性人口の割合である性比が不自然に高い理由は、高騰するダウリーを背景に、親がますます女児ではなく男児を望むようになった結果との見方が強くあります。「五〇〇ルピーをいま（中絶費用として）払うのか、五万ルピーをのちほど（ダウリーとして）払うのか」という、性選択的中絶を促す産婦人科の広告は第2章ですでに紹介しました。

インドやバングラデシュでは、花嫁が年若いほど結婚市場における価値が高く、ダウリーは安くて済むといった話があります。高額ダウリーが払えない貧しい家庭では、用意できる額で結婚させるために、娘の婚期を早めるといったこともあるようです。[64]バングラデシュは五割以上の女子が児童婚で、世界でワースト一〇ヵ国のひとつであり、深刻な社会問題となっています。

バングラデシュでは、急成長した輸出向け縫製工場で働く貧しい農村出身の女性たちが、ダウリーを自ら稼ぐという話も聞きます。一方で、働く花嫁に結婚市場で価値が置かれるようになれば、ダウリーは払わなくて済むようになるかもしれません。ジェンダーと開発を専門とするロンドン・スクール・オブ・エコノミクス（LSE）のナイラ・カビール教授は、働いているのだからダウリーは必要ないといった女工たちの話を報告しています[94]。

筆者はパキスタンでデータ収集を行い、ダウリー額がさまざまな要素から決定されることを考慮したうえで、女性が労働参加するとダウリー額が下がることを実証しました[11]。

かつて西欧でダウリーが存在したことを思えば、女性がもっと労働参加するようになれば、ダウリーは実効性のない法律で禁止しなくても、自然と消滅するのかもしれません。バングラデシュの縫製工場は現在三〇〇万人以上の女性に雇用を生み出していますが、ダウリーが今後どうなっていくのか興味深いところです。

インドでは、ダウリーは結婚市場で決まる価格であるとともに、先に触れたように花嫁の両親が娘に贈った生前贈与の性格もあります。主にヒンドゥー教徒に限った話ですが、「二〇〇五年ヒンドゥー相続法」以前は、女性にその男兄弟と同様の相続権は認められておらず、結婚後も婚前と同じような生活水準を保障したい両親が、娘の結婚時にダウリーというかたちで自分たちの財産の一部をもたせることは理に適《かな》っているようにみえます。

筆者は二〇〇五年以前のインドでは、州や時期によって女性の相続権が異なることに着目し、自然実験として利用することで、ダウリーが果たす役割について実証しました[109]。そこでは、女性に相続権が保障されていれば、ダウリーは女性にとって何のメリットもないのですが、女性に相続権がない場合、ダウリー額が多いほど女性は嫁ぎ先での発言力が大きくなることがわかりました。ダウリーを一方的に禁止することは、女性にデメリットとなりかねず、相続権の保障や、就業機会の創出、労働参加の促進が不可欠であることを示唆するものでしょう。

婚資は悪習なのか

ダウリー同様、婚資もまた、前近代的で女性差別的な悪習だから廃止されるべきといった意見が国際的に根強くあります。ケニアやウガンダはそれぞれ二〇一二年、一五年に婚資を法律で禁止しました。

婚資は先ほど述べたように、花嫁に付けられる価格と理解されています。金銭で花嫁を売買しているかのような人身売買の印象があるのかもしれません。実際にパキスタンで娘にはダウリーを用意するという人たちから筆者が聞いた話は、かつてみられたような婚資は、娘と引き換えにお金をもらうみたいで、よい慣習ではないといったものでした。

婚資があることで女性が被る可能性があるデメリットは、離婚しづらくなる、つまり離婚という選択肢がなくなり、結婚生活における交渉力が下がることでしょうか。

この交渉力については第2章で触れました。婚資が離婚時に夫に返すべきものであったり、婚資を受け取った実家から離婚をしないようにといったプレッシャーがかかるような場合、女性はいざ離婚したいとなったときに離婚しづらいでしょう。結果として、平時の結婚生活における交渉力が下がることになります。

婚資の存在が女性を望まない結婚生活に縛りつけることになれば、人身売買と変わらないといった意見も的外れではないのかもしれません。

ところが、婚資があることによって女性にメリットが生じる可能性もあります。LSEのナヴァ・アシュラフ教授とブリティッシュコロンビア大学のネイサン・ナン教授たちの研究は、インドネシアとザンビアのデータを用いて、婚資が女性の教育水準を引き上げるという因果関係を示しました。[16] ここでも、婚資が多い家庭ほど女子の教育水準が高いからといって、そこに因果関係があるとは限りません。たとえば、親の愛情が強い家庭ほど婚資額も教育水準も上がるなど、婚資はランダムではなく個々の家庭で「内生的」に決まるため、婚資が多い結果女性の教育水準が上昇したとはいえないからです。アシュラフたちは、文化人類学の知見をもとに伝統的に婚資を実践してきた民族か否かという民族レベルの違いを外生変数として利用し、因果関係を証明しました。

では、婚資があるとなぜ教育水準が上がるのでしょうか。

第5章でアメリカですら一九六〇年代頃までは、女性が高い教育を得ることはよい仕事に就くためでなく、よい結婚相手を見つけるためであったことに触れました。親からみると、娘により高い教育を与えれば結婚市場での価値が上がり、将来は婚資として回収できるので、娘に教育投資をするインセンティブが働きます。このため婚資の慣習がある社会では、慣習がない社会に比べて、女子の教育水準が上昇するようです。これは女子の教育が結婚市場ではなく、労働市場で評価されるようになれば当てはまらないでしょう。

＊

恋愛結婚が主流となった先進国でも、経済学で結婚を分析するメリットのひとつは、慣習や制度、政策が与える影響について、直感と反するような結果をエビデンスとして示すことです。

ジェンダー規範が弱い国々では、社会進出している女性ほど結婚し子どもを産むという事実は、多くの人びとにとって意外ではないでしょうか。とりわけ日本では、女性の社会進出こそが、未婚化、晩婚化、少子化の元凶のようなイメージをもっている人も少なくないでしょう。しかし、それは万国共通ではなく日本、もしくはアジア特有の現象であることは、もっと知られてもよいと思います。

日本ほどジェンダー規範が強くないアメリカでも、先述したように結婚市場での評価を気にして、労働市場で女性が活躍しきれていないことが明らかにされています。また、それとは逆に、男性以上に女性が社会で活躍すると、結婚生活に支障をきたすことも明らかにされました。

ただ、女性が社会で活躍することそのものよりも、その結果、家事がおろそかになる、男性のメンツが保たれないといった性別役割分担に関する思い込みに由来する結果といえそうです。女性が社会で活躍しても、家事は両者で分担すればよい、女性が男性より稼いでも何の問題もないのであれば、結婚生活に何ら支障はないでしょうし、結婚市場で評価されないことにもならないでしょう。

途上国のうち、女性の社会進出が進んでいない、男性と同じような権利が保障されていない国々で、結婚にまつわるジェンダー差別的な慣習があります。ただジェンダー差別的な慣習を廃止すべきと声高に叫ぶことは簡単ですが、与えられた環境のなかでは、そのような差別的な慣習が女性のメリットとなっている可能性もあります。その背景にあるジェンダー差別をもたらしている根本的な原因を改善しない限り、慣習を廃止しただけでは、先述したようにかえって女性に不利な結果につながるかもしれません。

第7章　性・出産を決める権利をもつ意味

SDGsの目標5「ジェンダー平等を実現しよう」では、達成目標5の6に、「世界中誰もが同じように、性に関することや子どもを産むことに関する健康と権利が守られるようにする」とあります。この「性に関することや子どもを産むことに関する健康と権利」は、英語のリプロダクティブヘルスと権利（Reproductive Health & Rights）を訳したものです。女性が、自分で妊娠や出産に関することを決められる権利をいいます。

妊娠・出産は、女性の体の負担が大きい割に、歴史的には女性がそのことを決められる権利はなかなか十分に認められてきませんでした。現在でも、医療サービスが十分に発達していない途上国では、妊娠・出産は命がけです。いまだに一〇〇人に一人の割合で母親が死亡する国もあります。にもかかわらず、結婚や子どもの数について、自分で決められないことは、究極の人権侵害と考えてもいいでしょう。

日本でも他人事ではありません。低用量経口避妊ピルやアフターピル、中絶の方法も先進国のなかでは遅れています。低用量経口避妊ピルについては、一九九九年に厚生省が承認し

7−1　先進国（OECD諸国と新興アジア諸国）の女性のピル使用率

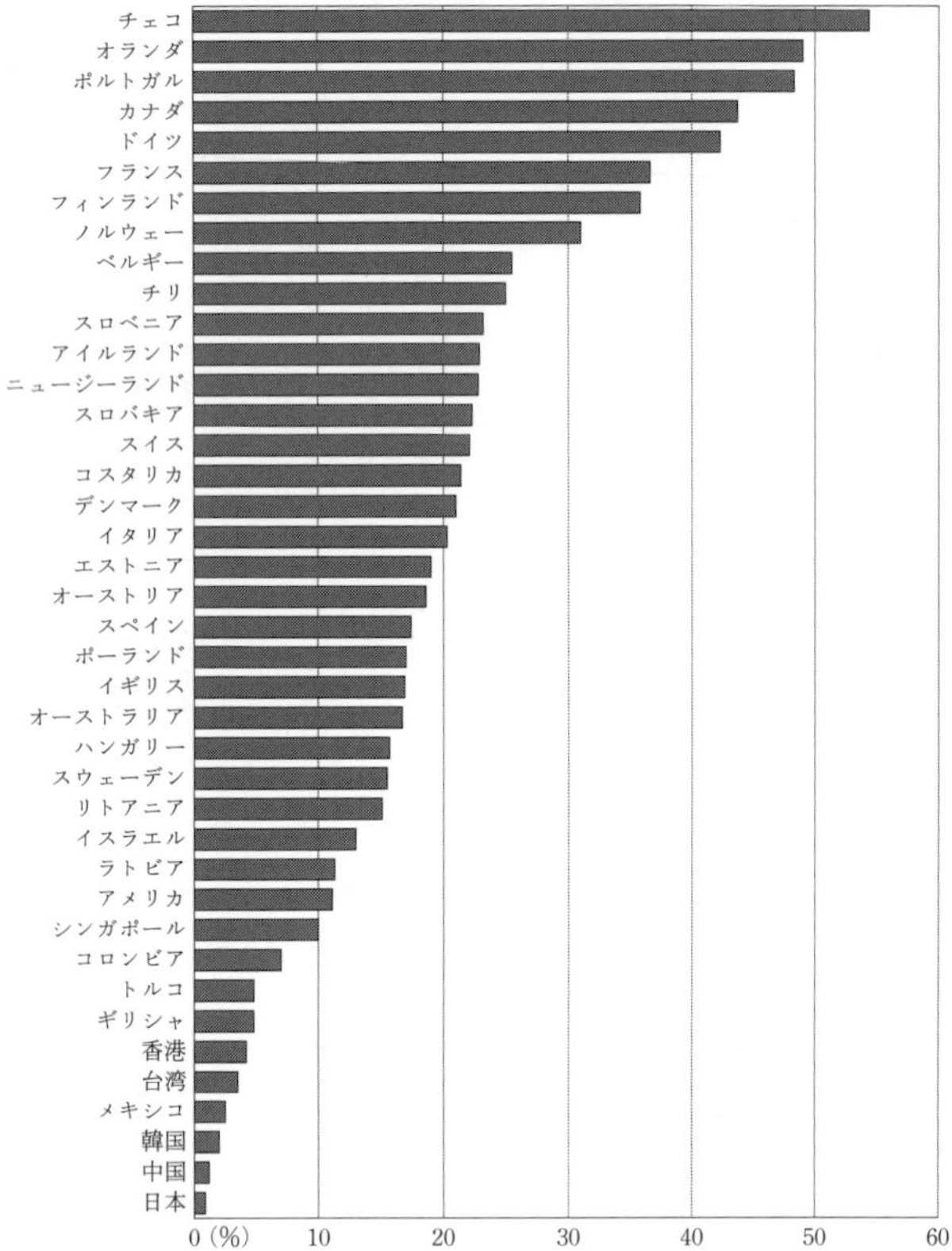

注：女性の年齢は多くは15〜49歳を対象としているが、19歳からや、45歳までとしている国もある。各国とも、2011〜18年のうち直近のデータ。ただし、ハンガリー、リトアニア、韓国は2009年、チェコは2008年、カナダは2006年、エストニア、ノルウェーは2005年、アイルランドは2004年、ギリシャは2001年、台湾、イスラエルは1998年、シンガポール、スロバキアは1997年、ラトビア、スロベニアは1995年、デンマーク、オランダは1993年。

出典：国連“World Contraceptive Use 2021”（https://www.un.org/development/desa/pd/data/world-contraceptive-use）をもとに筆者作成。

ましたが、いまなお医師による処方箋《しょほうせん》が必要とされています。妊娠可能な年齢における女性の経口避妊ピルの使用率は、日本は〇・九%で（7-1）、先進国や新興アジア諸国のなかでもっとも普及が遅れています。

性や出産に関する女性の権利は、アメリカでは後退したかもしれません。二〇二二年六月二四日、連邦政府最高裁が一九七三年の「ロー対ウェイド判決」（堕胎禁止法違憲判決）を覆す判決を下し、これにより中絶の権利が認められなくなった州もあります。中絶については個人の宗教や信念が絡み、さまざまな意見があります。しかしどのような信念にもとづくにしても、当事者もしくは当事者になりそうな女性の権利を考えるべきではないでしょうか。

ただ経済学では、こうすべきという規範的な判断はしません。宗教や信念はさておき、実際に誰がメリットを受け、誰がデメリットを受けるのかをみていきます。性や出産に関する権利についても、実証経済学による科学的な知見が蓄積されつつあります。それは女性の社会進出とも密接に関わっています。以下ではこれらの研究を紹介していきます。

1　経口避妊ピル・中絶合法化の効果

女性の労働参加の向上

第1章で簡単に触れましたが、アメリカではピルが合法化された結果、女性の労働参加率が上昇しました。ここではより詳しくそのメカニズムをみていきましょう。

アメリカ女性の労働参加に関する研究における第一人者として、第5章で紹介したクラウディア・ゴールディンの研究には、ピルの合法化が女性の労働参加を促したという因果関係をしっかり示したものがあります[76]。

ピルの合法化が女性の労働参加を促したのか、社会進出を進めたのかを検証するにあたっては次のようなことが問題となります。ピルの使用はランダムに決まるわけではありません。キャリア志向の強い女性ほど、ピルを使用するでしょうし、同時に労働参加して社会で活躍しそうです。そうであれば、ピル合法化によって女性が労働参加するようになったというのは見せかけの因果関係です。この場合、ピルが合法化されているか否かにかかわらず、もともと社会で活躍しそうな女性は労働参加しているので、ピルの果たした役割は限定的です。また、ピルの合法化と女性の労働参加が、経済が発展するにつれてともに進み、単なる相関関係にすぎない可能性もあります。

アメリカでのピルの合法化は全土では一九六〇年でしたが、未婚の女性たちが服用してよい年齢は州によって異なりました。ゴールディンたちは、それを自然実験的に利用します。具体的には、未婚女性は成人に達するまでピルを服用することができませんでしたが、成人年齢は州によって異なっていました。このため、同じ年齢でもたまたま成人に達した女性とそうでない女性、つまり「たまたま」ピルを合法的に服用できた女性とできなかった女性を比べることが可能です。

この研究は、ピルの登場によって、キャリア志向が強い女性たちが教育投資を心おきなくできるようになったことを実証しました。この研究ではとりわけ、ロースクールやメディカルスクールの在籍者に着目します。これらは相当な教育投資が必要とされる分野です。キャリア志向が強くても望まない妊娠をしてしまえば、キャリアをあきらめなければならないとすると、それまでの教育投資が無駄になります。ピルは教育をあきらめないきっかけとなったのでしょう。

子どもの数は減ったのか

では、経口避妊ピルを服用した結果、子どもの数は減ったのでしょうか。アメリカではこの問いに答えた実証研究もあります。

カリフォルニア大学ロサンゼルス校のマーサ・ベイリー教授の研究は、ゴールディンと同じように、州によって避妊ピルを使える年齢に違いがあることを利用して、子どもの数が減ったのか、それとも子どもをもつタイミングに変化が起きたのかを実証しました[18]。

研究によると、経口ピルを使えるようになっても、女性一人当たりが最終的に産む子どもの数に変化はなかった一方で、第一子を産むタイミングが明らかに遅れることがわかりました。第一子を産む年齢を遅らせて、大学など高等教育に進んだ女性が増えたのでしょう。ゴールディンたちの研究とも整合的です。

ピル合法化による社会への効果は、女性の教育水準を単に引き上げただけではありません。ピルの登場前は、おそらくキャリア志向がとても強く、能力の高い女性だけが、高等教育に進んでいたのでしょう。ピルの登場によって、キャリア志向がそれほど強くなく、能力も平均並みの女性も大学に進学する選択肢が生まれたようです。ピルの登場は、女性のなかでの格差是正の効果もあったのかもしれません。

一九七三年の「ロー対ウェイド判決」

先にも触れたように、一九七三年にアメリカの連邦政府最高裁が下した「ロー対ウェイド判決」は、二〇二二年六月に、同最高裁が約五〇年ぶりに覆しました。「ロー対ウェイド判決」は、それまで州法で定められた堕胎禁止を違憲とし、この判決によってアメリカ全土で妊娠約二四週までの中絶が合法となっていました。

アメリカでは、もともと胎動感前の堕胎を禁止する考えはなかったようですが、一九世紀以降、堕胎を禁止する動きが盛んになり、二〇世紀を迎えるまでには、母体の生命が危険な場合を除く中絶がすべての州で違法となりました。

中絶に反対する人びとは、中絶を胎児の殺害と同様に考え、中絶行為を殺人罪と同罪とみなしていました。アメリカ全土で禁止されていた中絶ですが、一九六〇年以降にそれを容認する動きが起こります。一九七〇年までにニューヨーク州やカリフォルニア州で中絶は合法とされました。ただ多くの州では違法のままでした。

「ロー対ウェイド判決」の発端は、堕胎を禁止していたテキサス州に住んでいた、ロー（通称）という未婚女性と中絶手術を行って逮捕された医師が、中絶禁止法は違憲としてテキサス州を相手に最高裁まで争ったものです。当時堕胎が禁止されている州にいた中絶を望む女性は、合法となった州に移動して中絶するか、非合法に中絶するしかありませんでした。

一九七三年の最高裁判決文は画期的といわれますが、中絶を違法とする問題点を表しているようにみえます。

「妊娠や母となること、また追加的に子どもが生まれることで、より惨めな生活を女性の将来に強いることになりうる。子育てにともなう、精神的・肉体的な負担がすぎるかもしれない。望まない子どもにともなう苦痛は大きいだろう。子育てが精神的およびそのほかの理由により、実質的にできないような家庭で子育てを行うことは問題である」（アメリカ合衆国最高裁判決 410 U.S. 113）

もっとも必要とする女性のタイプ

中絶を禁止する理由は、たとえば胎児の生命を守るため、女性の身体を守るため、将来安易な中絶を防ぐためなどさまざまです。たしかに、中絶の方法によっては女性の体を傷つけます。いつでも中絶できると思えば、気軽に妊娠するケースが出てくる懸念も否定できません。では、中絶が禁止されていたときに、女性たちは本当に守られていたのでしょうか。

この問いに答えるには、中絶が禁止されるか否かで影響を受ける人たちに注目する必要があるでしょう。法律によって、もっとも不利になる人に注目するということです。実際に中絶が違法とされることで、もっとも不利になっていたのは、貧しい黒人で、産めばシングルマザーになる可能性が高い若い女性たちでした[102]。

中絶を望むのは、望まない妊娠をした女性であることは想像に難くないでしょう。こういった望まない妊娠をする女性は、ランダムに決まるわけではありません。多くは一〇代で経済力がないなど、育てる力が弱い人たちです。彼女たちが望まない妊娠をした場合、州が中絶を禁止するなか彼女たちの選択肢は、産むか非合法の中絶を行う、中絶が合法化されている州に移動して中絶する、でしょうか。

中絶が合法化されている州への移動による中絶は、ある程度金銭に余裕がある女性でなければできません。非合法な中絶は高額なケースも考えられます。貧しい女性が非合法に中絶するケースでは、不衛生で健康に大きなダメージを与えることも考えられます。女性の健康を守るためという中絶禁止の大義名分は、もっとも中絶を望む可能性の高い貧しい女性たちには、実は当てはまらないことが多いのかもしれません。

では、そのまま産むという選択肢はどうでしょうか。たしかに胎児の生命は守られます。

ただ望まれない子は、裕福な家庭ではなく、貧しいシングルマザー、一〇代の母親のもとに生まれる可能性が高いです。このような家庭の場合、ネグレクトされる可能性、非行に走る可能性も高いです[82]。

たしかに中絶禁止は、胎児の生命を守るという大義名分を満たします。しかし、法を策定する側はその後の結果についても、考える責任があるのではないでしょうか。

中絶合法化の効果に関するエビデンス

中絶合法化の効果に関するエビデンスでもっとも有名なものは、「はじめに」でも触れた邦訳『ヤバい経済学』[103]の著者でもあるシカゴ大学のスティーヴン・レヴィット教授たちによる研究でしょう。彼らが示したエビデンスは、中絶合法化の恩恵は、とりわけ黒人の貧困層の女性が受けたこと、中絶が違法なら生まれていたはずの子どもが生まれなかったことで、二〇年後の犯罪率が明らかに低下したことでした[49]。

とりわけ後者の内容、端的にいえば犯罪者予備軍が生まれなかったとの結論には、感情的に嫌悪感を抱く人もあり、非常に激しい議論を巻き起こしました。

経済学者のあいだでも、多くの実証研究による論争が行われました。発端となったレヴィットたちが発表した二〇〇一年の論文に対する反証、それに対するレヴィットたちによる反論もあります[50、51、67、93]。レヴィットたちは、二〇〇一年の論文で、自分たちの主張が正しいかどうか、今後二〇年のデータが手に入ったら検証したいと宣言していましたが、二〇二〇年発表の論文でそれを行っています[52]。この結果は、中絶が認められると犯罪率は大幅に減るという当初の主張を裏づけるものでした。

レヴィットたちは、因果関係を裏づけるエビデンスを示しているだけで、何が倫理的に正しいか、どうあるべきかという判断はしていません。

中絶は認められるべきか、堕胎は殺人とみなされるべきか、人によって意見は異なるでしょう。ただ中絶を望む女性たちが一〇代である、貧しい、シングルマザーとなる可能性が高いといった特徴をもつことは各種データから明らかです。そのような環境に生まれた子どもの人生に、困難が伴うだろうことは想像に難くないでしょう。レヴィットたちが示した実証結果は、もっともらしいといわざるをえません。

なぜ中絶合法化が犯罪率の低下につながったのか、メカニズムを実証した研究もあります。たとえば、二〇二一年のノーベル経済学賞を受賞したマサチューセッツ工科大学のヨシュア・アングリスト教授たちによる研究は、中絶が合法化されたことで、黒人女性が未婚の母になる確率が減った、黒人女性たちの進学率が上昇したといったことも示しました[13]。この研究は、中絶合法化の影響を受けるかどうかを天から降って湧いたように決定する変数として、女性の生まれ年と生まれた州を利用し、統計的処理を行うことで因果関係を示しています。

また、マサチューセッツ工科大学の医療経済学者ジョナサン・グルーバー教授たちの研究では、中絶合法化のもとで生まれた子どもたちのほうが、シングル家庭の可能性は低く、進学率も高く、生活保護制度を利用しないなど、いわゆるよりよい生活を送っていることもわかりました[6]。因果関係を示すために、アングリストたちと同様の方法を利用しています。

中絶合法化によって犯罪率の低下がもたらされたという結論の理由、つまり犯罪者予備軍が生まれなかったから、が衝撃的であるため、嫌悪感を抱く気持ちもわからないではありません。しかし、これらの直感的にも納得できるエビデンスを提示されて、それでも反対するようであれば、中絶が禁止されることで不利益を被る人たちへの責任ある対応が必要でしょう。中絶を望む女性たちが中絶できないことに対して、またそのことによって生まれる子どもたちに対しても、満足のできる政策を提示できなくては、中絶禁止支持者は無責任といわれても仕方がないはずです。

2　一夫多妻制下の出生率

ジェンダー差別的慣習か

日本では違法ですが、世界では一夫多妻制が合法とされている国があります。一夫多妻制については、国際NGOなどがジェンダー差別的な慣習であると非難していますが、サハラ以南のアフリカ（以下アフリカ）諸国やイスラム諸国の一部では残っている慣習です。

男性はいく人もの妻を娶《めと》ることができるが、その逆はできないという点で一夫多妻制そのものがジェンダー差別的であるという考え方は可能です。

しかし、見方を変えれば、一夫多妻制だと結婚できない男性が出てくることから、一部の男性にとってはデメリットの大きい慣習かもしれません。一夫多妻制そのものをジェンダー差別的であるとみなすかどうかは、意見が分かれるかもしれません。

ただ以下のような一夫多妻制の結婚の特徴は、よりジェンダー差別的だと思います。

イスラム教では、四人までの妻を娶ることができるといわれています。といっても、実際にイスラム圏で複数の妻がいる人は少数でしょう。建前上は、複数の妻帯はすべての妻を平等に扱うという条件があって認められ、よほど裕福な男性でないとその条件は満たせません。

また、実際に複数の妻がいるケースでも、第一夫人と第二夫人の特徴は明らかに異なります。多くのケースでは、第二夫人以降は第一夫人に比べて、社会や経済のステータスを測る指標が劣り年齢が若いという特徴がみられます。第二夫人以降では、年長の裕福な男性と一〇代の女性との結婚、しかも女性の親が結婚を決めて女性自身には選択権がないことがままあるようです。時には高額の婚資が、夫側から妻の両親に送られることもあるようです。

人身売買と変わらないようにみえなくもなく、こういった点が国際NGOなどからの非難を招いています。

多産か少産か

一夫多妻制と出生率との関係は、以前から人類学者や人口学者たちの関心を集めてきました。

人類学者たちのあいだでは、一夫多妻制の妻たちはライバル関係にあり、子どもを多くもったほうが優位な立場に立てるだろうから、お互いの競争の結果、出生率は上昇するという見方が優勢でした。これを競争仮説としましょう。

一方で、人口学者たちのあいだでは、子どもの数については夫が決定権をもっていることが多く、一夫多妻制下では女性一人当たりが出産する子どもの数は少なくなるため、出生率は低下するという見方が優勢でした。これを夫からみて子どもの数は一定で、妻のうち誰が産んでもよい、もしくは誰でも代わりになりうることから代替仮説とします。

経済学の実証研究は、それに対する答えを出しています。

パリ工科大学のポーリーヌ・ロッシ准教授は、セネガルのデータを用いて、競争仮説、代替仮説、そのほかの考えられる仮説を丁寧に検証して競争仮説が正しいこと、つまり一夫多妻制における妻の競争関係が出生率上昇につながることを示しました[136]。

因果関係を示すために、第一夫人、つまり同一人物の出産間隔が、第二夫人を娶った前後でどのように変わるかに着目しています。より多くの子どもを産めば、妻はライバル関係にあるほかの妻に対して、とりわけ相続に関して優位に立てるため、妻の合理的な選択の結果

7−2　地域ごとの女性の合計特殊出生率（平均）の推移、2000〜19年

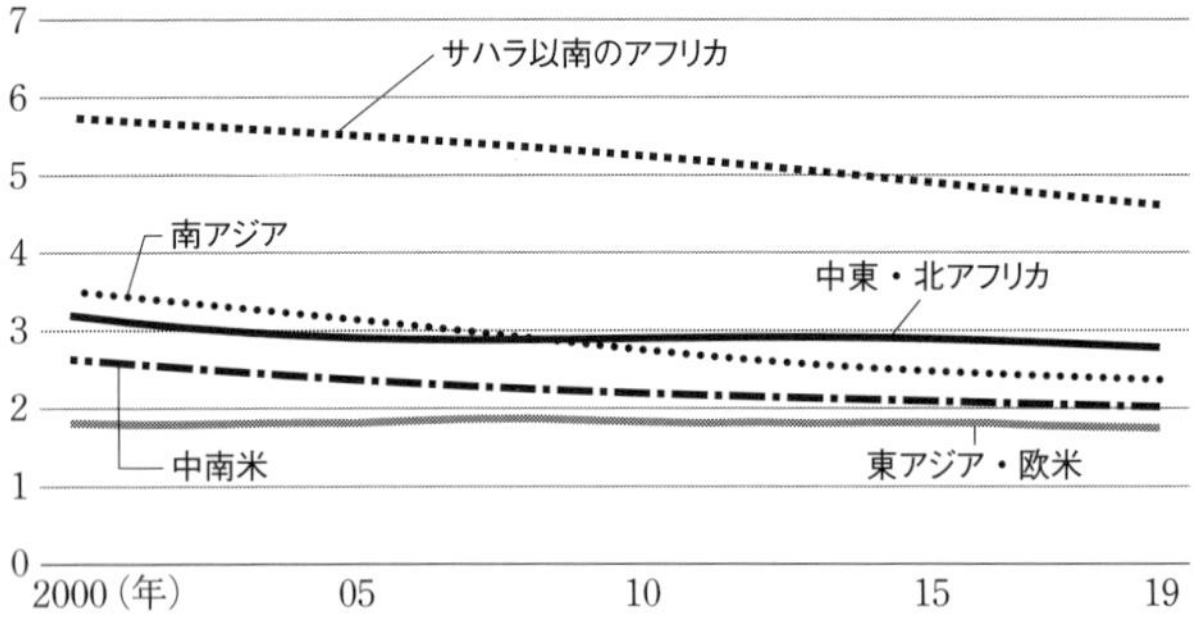

注：合計特殊出生率はその国の女性が一生のうちに産む子どもの数の平均。
出典：世銀開発指標（https://databank.worldbank.org/source/world-development-indicators）をもとに筆者作成。

として多産になるというわけです。

世界的にみると、経済成長するにしたがって出生率が低下しますが、それは人口転換と呼ばれ、多くの途上国に当てはまる現象です。しかし、アフリカ諸国では例外的に高い出生率を維持しています（7−2）。アフリカではいまだに女性一人が五人ほどの子どもを産んでいることになります。一夫多妻制はアフリカ諸国で出生率が下がらない理由のひとつかもしれません。

ロッシの研究では、さらにアフリカ諸国のうち一夫多妻制の慣習がある一一ヵ国の一九八六年から二〇一三年までのデータを用いて、一夫一婦および一夫多妻関係にある女性が一生のうちに出産する子どもの数を時系列で比較しています。それによると、当初は一夫多妻制下の女性のほうが産む子どもの数が少ないのですが、三〇年ほどのあいだに九ヵ国でその関係が逆転し、二〇一三年には一夫多妻制下の

女性のほうが産む子どもの数が多くなりました。

一夫多妻制と出生率のあいだには、競争仮説だけが働くわけではなく、時期や地域によっては代替仮説のほうが強く働く場合があるなど、優勢な仮説が変わってくることを示唆しています。

リプロダクティブヘルスと女性のエンパワーメント

ロッシの研究はそれに加えて、女性のエンパワーメント、つまり自身の人生を決められるようになることに関して非常に興味深い指摘をしています。

リプロダクティブヘルスの権利に関する知識を得る、避妊や子どもの数に関して意思決定権を獲得するなど女性のエンパワーメントは、出生率の低下につながるとされてきました。また、避妊ピルが手に入りやすくなる、中絶が認められるようになると、女性の家庭内における交渉力が上がることが示されています。

ところが、この研究が一一ヵ国の三〇年にわたるデータを利用して示唆したことは、リプロダクティブヘルスに関する女性のエンパワーメントと出生率は、そう単純な関係ではないことです。一夫多妻制下では妻同士が競争関係にあるため、教育水準が高く、リプロダクティブヘルス、妊娠や出産に関する意思決定権をもっている女性ほど、出生率が上昇する可能性があることを示しました。

これと、女性のエンパワーメントがジェンダー指標の低下につながることもある背景に潜むメカニズムは共通しています。たとえば、インドや中国で男児が好まれる地域では、教育水準が高い女性ほど、子どもの性比（女児に対する男児の割合）が不自然に高いことが示されています[5、44]。教育水準の高い女性は、出産前エコー診断などによって自分の好むように子どもの性別を操作できるため、男児が好まれる社会で性比が不自然に高くなることがあるのです。それは、男児に比べて女児の生存権が不自然に奪われていることになるので、究極のジェンダー格差ともいえるでしょう。女性のエンパワーメントとジェンダー格差との関係がそう単純ではないことを、あらためて考えさせられるものでしょう。

3　HIV／AIDSと自己決定権

蔓延するHIV／AIDS

リプロダクティブヘルスの分野では、HIV／AIDS（ヒト免疫不全ウイルス／後天性免疫不全症候群）は主要な問題のひとつです。一般に、HIV感染者は男性同性愛者に多いようなイメージがあるかもしれません。ところがアフリカ諸国では、男性より女性のHIV感染者のほうが多い状況にあります（7－3）。この現象は世界でも特殊で、HIV／AIDSの「女性化（feminization）」と呼ばれています。

7−3　各国のHIV蔓延率、2020年

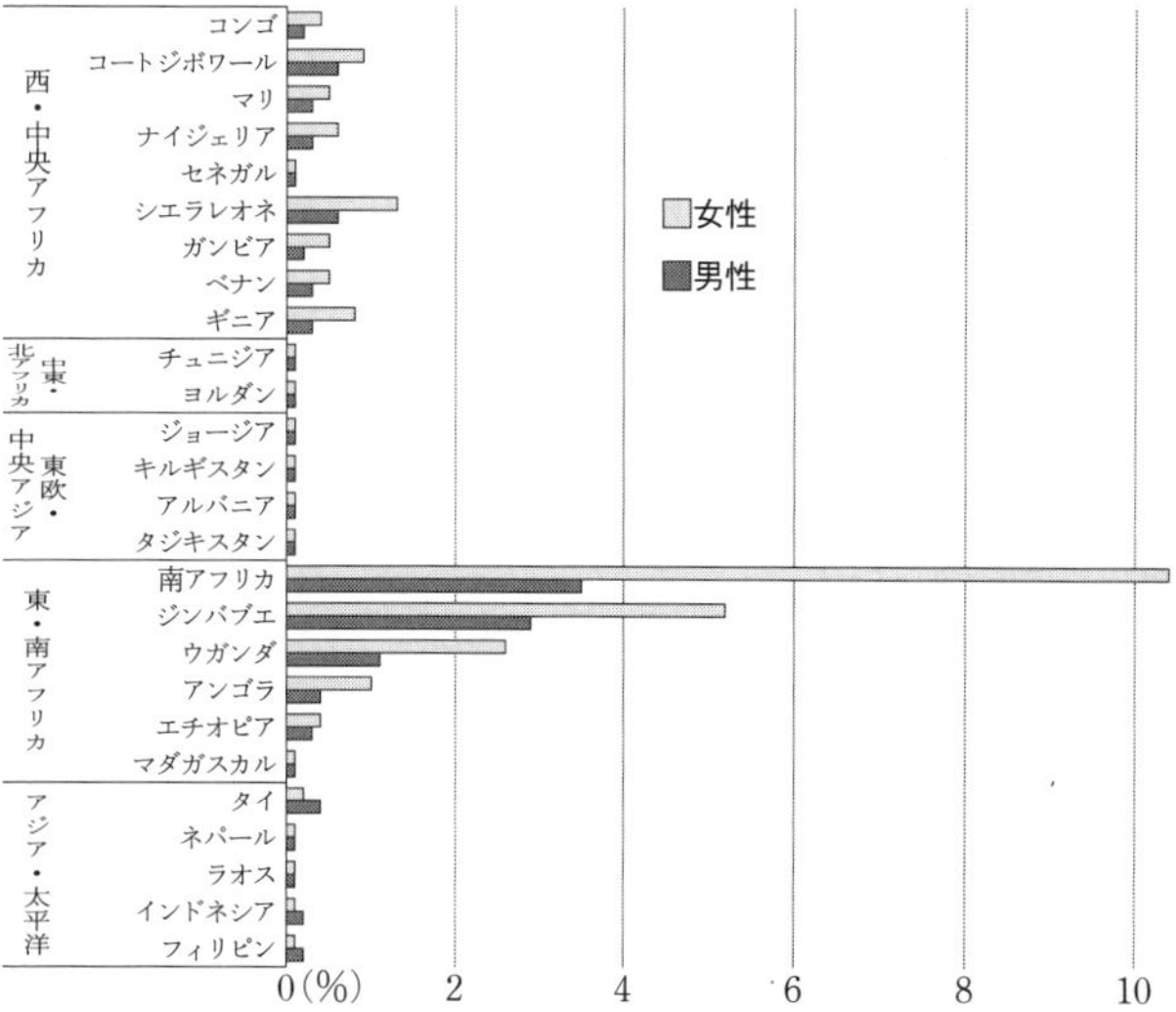

注：15〜24歳の人口のうち、HIVに感染している人口の割合。
出典：7-2と同じ。

ＨＩＶに感染しただけでは、すぐに免疫不全に陥るわけではありませんが、そのまま治療をしないと免疫低下が起こり、健康であれば防げる結核やがんなどさまざまな病気に罹《かか》ることでＡＩＤＳ発症と診断されます。

ＨＩＶ／ＡＩＤＳについては、免疫不全の進行を遅らせる薬などが開発されてきたとはいえ、アフリカ諸国の一部では深刻な問題となっています。ＨＩＶには、誰も同じように感染するわけではありません。立場の弱い女性が感染しやすい状況にあるのです。

たとえば、一夫多妻制では典型的ですが、年長の夫と一〇代の妻という結婚の場合、妻は処女であることも多く、年長の夫からＨＩＶを感染させられるケースがあります。

ボツワナ共和国のダイヤモンド鉱山など、男性労働者ばかりがいるようなところでは、売春宿が多くありますが、そういった地域でのＨＩＶ感染は非常に高率です。

また、処女と性交するとＨＩＶ／ＡＩＤＳが治ると信じられている地域もあり、その迷信が原因かははっきりしませんが、そこではレイプによる少女への感染も報告されています。

ＨＩＶ感染を防ぐ有効な方法は明快です。コンドームの使用です。コンドームの主要目的は避妊ですが、ピルやリングの使用などと違い、ウイルスをもつ精液との直接接触を防ぐことができるからです。ＨＩＶの蔓延地域では、コンドームの使用によって避妊のみならずＨＩＶ感染を防ぐことが重要になります。

女性の財産権の保障と感染率

ブリティッシュコロンビア大学のシワン・アンダーソンは、アフリカでＨＩＶ／ＡＩＤＳの女性化が起きている現象の謎に実証的に迫り、ひとつの答えを提示しました。彼女の研究では、離婚時に妻の財産権が保障され、家庭内交渉力が強そうな女性ほど、ＨＩＶ感染率が低いことを示しています。[9]

第2章で触れた家族の経済学の家庭内バーゲニングモデルによると、アウトサイドオプション、つまりそのほかの選択肢に恵まれているほど家庭内交渉力は強くなります。この研究における家庭内交渉力は、ピルなど夫の協力が不要の避妊方法に比べ、コンドームの使用など夫の協力が必要な避妊方法をとっているかどうかに着目しました。離婚時の妻の財産権が保障されていると、妻にとって結婚を解消するという選択肢が現実味をもち、妻は夫の協力が必要な避妊方法を交渉できるようになり、結果としてＨＩＶ感染率を下げるというメカニズムが想定されます。

妻の財産権の保障とＨＩＶ感染率との間にも見せかけの因果関係がありそうです。財産権の保障はランダムに決まっているわけではなく、意識の高い地域ほど保障されやすいでしょうし、そういった地域では、交渉力とは直接関係のない理由でＨＩＶ感染を防ぐ対策もとっていそうです。妻の財産権の保障がＨＩＶ感染率を下げるという因果関係を証明するには、天から降って湧いたように（外生的に）女性の財産権を強める変数が必要です。

アンダーソンは、植民地時代に旧宗主国がアフリカ諸国にもってきた法体系が大陸法なのか英米法（コモン・ロー）なのかによって、妻の財産権の保障の程度が異なることに着目しました。

これまでの研究では、大陸法より英米法由来の法制度のほうが、契約の強制執行や財産権の保障に関してすぐれており、経済開発につながることが示されてきました。しかし、こと妻の財産権の保障、具体的には家事労働の経済的な評価、共有財産権の保障、離婚時の妻の財産権（折半）の保障の三点については大陸法のほうがすぐれているそうです。

因果関係のエビデンスをきちんと示すために、結婚慣習などを共有していても国境で隔てられている同一民族内で、大陸法側の国の集団と英米法側の国の集団で、両者の感染率に違いが出るかどうかも検証しました。まったく同質の人びとをランダムに二つのグループに分け、ひとつのグループには妻の財産権を保障し、もうひとつのグループには保障しないという実験を実施したようなイメージです。

実証結果によると、英米法体系の国の女性は大陸法体系の国の女性に比べ、HＩＶ感染率が二五％高く、夫の協力が必要な避妊方法を用いている割合は三〇％低いことがわかりました。離婚や死別後に財産を所有している割合や意思決定権の程度も、英米法体系の国の女性のほうが低い結果となりました。これらの結果をもって、女性のエンパワーメントが、家庭内交渉をとおしてHＩＶ感染を防ぐことを示したのです。

＊

女性の性や出産に関する政策は、規範や倫理が先行して科学的な分析にあまり重きを置かれてこなかったように思います。

たとえば、性教育がタブー視されたり、アフターピルの解禁が寝た子を起こすと反対されたりなどがありますが、それに科学的な裏付けはありません。また反対によってもっとも不利な立場に置かれるのは、貧困層の若い女性たちでしょう。彼女たちには、きちんとした性教育と性や出産に関する権利の保障が必要でしょう。

二〇二一年一二月、イギリスの製薬会社が日本の厚生労働省に経口中絶薬の承認申請を行い、二〇二三年四月に正式に承認されました。承認された飲み薬は、すでに八〇ヵ国以上で使用され、世界では主流の中絶方法です。世界保健機関（WHO）は、この飲み薬を安全で効果的な方法として、妥当な価格で広く普及すべきと推奨しています。一方でWHOは、日本で主流の金属製の器具で細胞を掻《か》き出す掻爬《そうは》法は、子宮内膜を傷つけるリスクがあり、時代遅れだと指摘しています。

日本ではまた、中絶の際に胎児の父親の同意が必要です。同意が得られないために、一人で出産し死体遺棄容疑で逮捕といった事件につながってしまうケースもあります。なぜ自分の体のことなのに、もっと安全で安価な方法を、女性が自ら選ぶことができないのでしょうか。これらの中絶に関する方法や手続きについても、女性の性や出産に関する権利が保障されなければなりません。

性や出産に関する権利が問題となるのは、日本だけではありません。アメリカでは、二〇二二年六月二四日の最高裁判決により、半数ほどの州で堕胎が禁止となりました。

いままで述べてきたように、一九九〇年代以降、三〇年間のデータを使って実証された中絶禁止法違憲の数々の効果はどうなるのでしょうか。学業を続けられない女性が増え、望まれない子が悲惨な生活をするといった結果が危惧《きぐ》されます。

第8章　母親の育児負担――制度はトップランナーの日本

日本にとって少子化は喫緊の課題です。その対策として不妊治療助成、出産費用助成、幼児教育・保育の無償化や、給食費無償化、児童手当の拡充、私立高校授業料の実質無償化などなど、多くの政策が立案されています。

日本の政策には、こういった政策がよいだろうという感覚で決まるものが少なくなく、政策の効果検証も曖昧なままです。

では、厳密に因果関係を示すためにはどうすればよいでしょうか。

たとえば、幼児教育・保育の無償化についてです。理想的には、Aグループの自治体は二〇一九年からスタート、Bグループの自治体は二〇二二年からスタートさせるといった介入実験を行います。Aグループ、Bグループの自治体が、実験前には出生率をはじめ、平均すれば同じような特徴をもっていたとしましょう。もし、そのほかには何も変化がないのに、二〇一九年からの三年間で、生まれる子どもの数がAグループにだけ明らかに増えたとすれば、政策の効果によるといえるでしょう。こうすれば、幼保無償化は効果的であった、もしくは効果がなかったと政策の効果を推論することができます。

ミクロ経済学の実証研究では、直感とは異なる効果が示される場合があります。たとえば、男性の育児休業制度が拡充されたことで、かえって男性に比べて女性が社会で活躍しにくくなったことを実証した研究があります。

日本では、母親の育児に関する負担が大きすぎることが知られています。では、男性の育児休業という法制度を整えれば、女性の負担は本当に減るのでしょうか、女性の社会進出にとって本当にプラスになるのでしょうか。

こういった直感とは異なるかもしれない結果を、しっかりとした因果推論によって示すことができることは、ミクロ経済学実証研究の大きな利点であり、社会に果たせる役割のひとつです。以下では、直感とは異なる結果、もしくは必ずしも予想どおりでない結果につながったことを明らかにした実証研究を紹介します。

1　子どもは女性のキャリアに影響を与えるか

労働参加と出産の関係

第1章などで触れたとおり、経済が成長すると一般には出生率が低下する、いわゆる人口転換が起こります。子どもをもたない選択が増えたり、子どもの数が少なくなると、直感的には女性の労働参加につながりそうです。

ジェンダー平等を議論するときに、出産は女性にしかできないが、それ以外の授乳、食育、排泄《はいせつ》の世話などは男性もできるとよくいわれます。それどころか、出産も生殖医療が進んだ現在では、女性にしかできないことではないかもしれません。しかし、実際は日本を含めた多くの国で、保育の負担のほとんどを母親を中心とした女性が担っています。子どもをもつことで働くことをあきらめたりする女性が数多くいます。

経済学の理論では、女性の労働参加と子どもをもつかどうかの決定は、コインの裏表のようにモデル化されることが多くあります。第6章で紹介したベッカーの理論では、家庭内生産という概念がありますが、人びとは自分の貴重な時間を育児をはじめとした家庭内生産に充《あ》てると、その時間を労働市場で働くことに充てることができないからです。

ブラウン大学の経済学者で「統一成長理論」（人類の成長の歴史を統一的に説明しようとしたマクロ経済理論）を提唱したオデッド・ガロー教授たちによると、女性の賃金が上昇すると、子どもをもつことによる「機会費用」が増し、出生率は低下します[69]。機会費用とは、子どもをもたない代わりに働けば得られたであろう利益のことです。実際には働かずにその利益を逃しているので逸失利益です。

子どもをもつことで、本来得られた賃金が得られなくなるわけなので、その利益を逃さないような意思決定、つまり子どもをもたないことがよりお得になり、少子化につながるというわけです。ガローの理論では、子どもをもつことと女性の労働参加が二者択一であるようにモデル化されています。

子どもの数と労働市場での活躍

女性の労働参加、フルタイム就業、賃金、昇進といった労働市場における活躍度合いを測る指標（以下は労働市場指標）と少子化のあいだにある因果関係については、多くの研究者が関心をもってきました。女性の賃金が上昇すると少子化につながることも、逆に子どもをもつことで出世に響くことも、因果関係のエビデンスはさておき、直感的に納得する人も多いだろうと思います。

子どもの数が多いほど女性の労働市場指標が低いことがデータからわかるとしても、子どもの数が増えたことが原因で、女性が労働市場で活躍できなくなった因果関係があるとみなすことは正しくありません。子どもをもつかどうか、何人もつかはランダムに決まるわけではなく、女性が将来どのように働いていくかという意思決定と無関係ではないからです。

たとえば、キャリア意識の高い女性は賃金も高いでしょうが、そのような女性はもともと子どもの数を増やす気はあまりないかもしれません。逆にキャリア意識のそれほど高くない女性ほど、たとえば子どもを三人ほしいと思っているかもしれません。このような女性は、結婚前から稼ぎにはそれほどこだわらないかもしれません。子どもを三人産む＝A、低賃金

＝B、とした場合、AとBはたしかに相関していますが、A→Bという因果関係は必ずしも成り立ちません。子どもの数を二人から三人に増やした結果、賃金が低下したわけではないからです。

さらにいえば、子どもの数を決めるにあたって、そもそも女性の意思が反映されにくい国や地域もあります。そのような場合には、女性がどれだけ意思決定できるかが本当の原因となって、子どもの数にも、自身が働くかどうかといった労働市場指標にも、同時に影響を与えるでしょう。

A→Bの因果関係を厳密に示すには、子どもの数を天から降って湧いたように割り当てる必要があります。しかし、たとえば○○さんは一人、△△さんは二人、□□さんは三人というように割り当てることは倫理的にも、そのほかの理由でも無理があります。ここでも、あたかも天から降って湧いたように子どもの数を割り当てる変数を見つけてくる工夫が、実証経済学の研究者たちによって行われてきました。

双子を通した研究

最初に天から降って湧いたとみなせると、研究者が目をつけたのは双子の存在です。

妊娠をしたときに、一人が生まれるか、双子が生まれるかは偶然によって左右されるとすると、天から降って湧いたように生まれた子どもが一人増えたとみなすことも可能でしょう。

このような偶然の事情によって、子どもが一人増えた女性と増えなかった女性を比べることで、母親の労働参加にどのような影響を与えるか、統計的な処理を行うことで、A→Bの因果関係を証明することができると考えたのです。

結論から先に述べると、子どもの数が増えても、女性の労働供給量が減るというエビデンスはみつかりませんでした。より具体的には、母親の労働供給量には変化がないか[134]、未婚の母の場合では、短期的には減っても長期的な変化は小さい[34]といった結果でした。

ただ、双子を含む多胎児の誕生について、偶然であるとみなすには無理があるかもしれません。なぜなら、不妊治療をした場合に多胎児が生まれやすいことはよく知られていますし、不妊治療をする母親は比較的年齢が高い、学歴が高いといった特徴があるからです。双子の出産によって、思いがけず子どもの数が一人増えてしまった女性と、双子を産まなかった女性を平均した労働市場指標を比べても、それが子どもの数が増えた結果であるのか、女性の能力やキャリア志向など別の要因であるのか判断が難しいからです。

第三子を望むか――第一子、第二子の性別の利用

その解決策として、第一子、第二子の兄弟姉妹の構成が、三人目を望むか望まないかに「外生的に」影響を与えることを利用した研究が生まれました。第一子、第二子が男男、もしくは女女であると、男女、女男に比べて、三人目をもつ可能性が高いという事実を利用し

ています。

インドや中国のように女性に対する男性人口の割合、つまり性比が不自然に高い国を除けば、第一子、第二子の性別はコインを投げたときの裏表のように偶然決まると考えることができます。これを前提とすると、第一子と第二子の性別の組み合わせは偶然なので、そのような偶然の事情が、三人目をもつかどうかに影響し、それに統計的な処理を施すことで、天から降って湧いた事情により「偶然」三人目が生まれたとみなすことができるわけです。

この考え方を利用したのが、マサチューセッツ工科大学のヨシュア・アングリストたちの研究です。彼らはアメリカのデータを用いて、子どもの数が二人から三人へと「偶然」増えても、女性の労働参加に与える影響がそれほど大きくないことを示しました[12]。要するに、たしかに三人目がいる女性の労働参加率は低いです。しかし、それは三人目が生まれた結果というより、もともとその女性や家族がもっていた何らかの理由が、三人目をもつという決定にも、女性の労働参加にも大きく影響を与えていると考えられるのです。

ここまでに挙げた実証研究の結果からは、子どもの数を増やす＝A、労働市場指標の低下＝B、としてA→Bという因果関係はみられなかったか、せいぜい小さい効果しかありませんでした。厳密に因果関係のエビデンスが求められた場合、経済学の実証研究では、直感とは異なる結論が導かれることがありますが、これはその一例でしょう。

第一子が生まれることの効果は

ただし、この研究は、子どもの数が女性の労働参加、労働市場指標に与える影響の推定として一般化するには、まだ問題があります。

三人目をもつかどうかの選択に悩む家庭は、少子化問題を抱える先進国では特別な特徴をもった家庭とみなされても不思議ではないかもしれません。そのような家庭は、もともと女性がことさら働く必要がないといった考えを好むのかもしれず、二人から三人と子が一人増えても、女性の労働市場指標には大きな影響を与えないかもしれません。

アングリストたちの研究では、アメリカの一九八〇年国勢調査の時点で二一～三五歳の女性がサンプルとなっているため少子化の問題はなく、実証の結論を一般化して解釈しても、それほど深刻な問題はないかもしれません。ただ一般的には、もっとも女性の労働参加や労働市場指標に影響を与えそうなのは、二人から三人に子どもが一人増えるかではなく、そもそも子どもを一人もつかどうかではないでしょうか。これは、もっともな問題意識ですが、第一子をもつかどうかを天から降って湧いたように決める外生変数を探しあてて研究することは難しいでしょう。

そのような外生変数を探してきたのが、デンマークのデータを使ったアムステルダム大学のエリック・プラグ教授たちの研究です[106]。不妊治療をしている女性のなかで、不妊治療が功を奏して妊娠出産できるかどうかは偶然に決まるだろうということを彼らは利用しました。

研究対象となる不妊治療をしている女性は、年齢が高い、学歴が高い、出産願望が強いといった特別な特徴をもった人たちです。したがって、不妊治療が功を奏して妊娠した女性と、ほかの女性との労働市場指標を単純に比較することはできません。しかし、不妊治療をしている女性たちのなかだけでみると、実際に「偶然」出産できたかどうか以外には違いがないだろうというアイデアです。

その結果、次ページの8－1にみるように、第一子の誕生は女性の所得を長期にわたって下げることがわかりました。[106] しかも、一人目から二人目、もしくは二人目から三人目と増えた場合よりも、一人目が生まれるかどうかの影響が大きいという結果でした。

プラグたちの研究からは、子どもがいると女性のキャリアにはマイナスの影響がありそうです。ただ、従来の研究が示した結論と同様に、子どもの数が増えることは、子どもがいるかどうかに比べて大きな影響はないともいえそうです。

ただしプラグたちの結論は、学歴が高くキャリア志向の強い女性には当てはまるかもしれませんが、それ以外の多くの女性に当てはまるかどうかはわかりません。キャリア志向の強い女性に子どもが生まれると、キャリアにマイナスの影響があったとしても、一般的な女性にはそれほどマイナスの影響はないのかもしれません。

子どもの存在が女性の社会進出を妨げるかという一般的な問いに対しては、いまだにはっきりとしたエビデンスがあるとはいえません。これも直感とは反する経済学実証研究のひと

8−1 子どもが「偶然」生まれると女性の稼ぎは長期的にも下がる

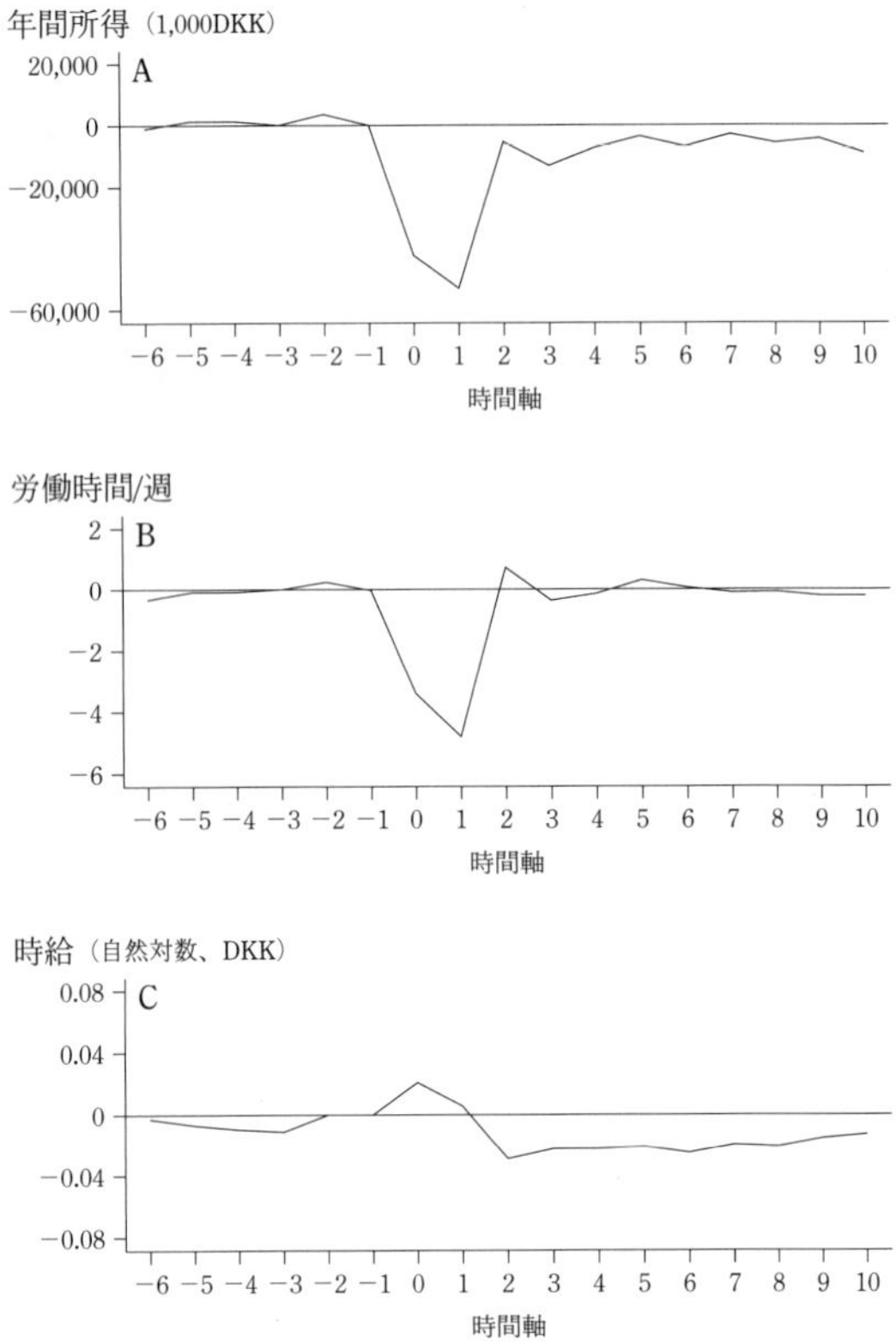

注：縦軸の０は平準化（だいたい平均）を表す。横軸は０を出産時としたときの前後の年数。Ａの図は、出産時＝０の直前から女性の年間所得が下がり、１年を過ぎたあたりから上昇するものの、10年経っても元通りにならないことを示す。Ｂの図は、出産直前から労働時間が減るが、２年後には労働時間が元に戻っていることを示す。Ｃの図は出産後１年を過ぎたあたりから、時給が下がり、10年経っても元通りにならないことを示す。DKKはデンマーク・クローネを表す。
出典：Lundborg et al.（2017）の Figure 2 をもとに筆者作成。

つの成果なのかもしれません。

2 「母になることによる賃金ペナルティ」

母たちの賃金はなぜ低いのか

前節では、子どもが生まれると女性の社会進出の妨げになるのか、労働市場における活躍度を測る指標に負の影響があるのか、といった問いに答えようとした実証研究を紹介しました。

キャリア志向の強そうな女性に限定すると、子どもが生まれることでキャリアの妨げになる可能性を示しましたが、一般的にはそのようなエビデンスはまだない、また子どもの数が一人から二人、三人と増えたときの効果は限定的であることがわかりました。これらの研究は厳密に因果関係、つまり同一の女性について、子どもが生まれる、あるいは数が増えた場合、そうならなかった反実仮想に比べて、その女性の労働市場指標はどうなるかを示そうとしたものです。しかし因果関係をそこまで強く求めなければ、データを利用した示唆に富む研究も出てきています。

労働市場指標のなかでも、子どもをもつことによって女性の賃金にどのような影響があるのかは、多くの研究者の関心を集めてきました。

子どもをもつと、仕事をいったん辞めた場合は同じレベルの仕事には就きづらい、また、しばらくのあいだ休職することでその期間はスキルが身につけられず、子どもがいない女性に比べて賃金は下がると直感的には思うでしょう。これは、「母になることによる賃金ペナルティ（Motherhood Wage Penalty）」と呼びます。

ここでは因果関係は厳密ではありませんが、母たちの賃金が低いのはなぜなのかに迫った実証研究を紹介します。

四％の低下と地域差

データを利用した多くの研究が、この「母になることによる賃金ペナルティ」を示してきました。ただその多くは、厳密な因果関係とはいえません。

母になる女性はそうでない女性に比べて、平均して賃金が低い傾向にあります。ただそれは、子どもをもつことによって賃金の低下が起こっている、といえるわけでは必ずしもありません。仮に子どもがいる女性といない女性の教育水準や経験など観察可能な特徴が同じだったとしても、観察不可能な特徴があるからです。たとえば、子どものいない女性のほうがキャリア志向などが強く、同時に賃金も高い傾向にあるかもしれません。

「母になることによる賃金ペナルティ」を扱った実証研究はとても多く、最近、定量的な研究のうち、ある程度のクオリティが保証される論文三九本を対象に「メタ分析」を行った研究も発表されました。[43]メタ分析とは、統計学的な手法を用いて既存研究における推定結果をまとめることを指します。この場合は、先進国を中心としたさまざまな国のデータを使って、「母になることによる賃金ペナルティ」を実証した研究のまとめです。

この分析によると、子どもがいる女性は、いない女性に比べて平均して四％ほど賃金が低い傾向にあるようです。「母になることによる賃金ペナルティ」の背景にある最大の理由は、子育てのあいだは一時的にせよ労働市場から離れてしまうことです。

また、子どもが生まれたことが原因となって賃金が下がっただけでなく、子どもがいるいないにかかわらず、もともとの性質の違いによるところもあります。たとえば、子どもがいる女性のほうが、子どもを産む前から、辞めても問題ないような仕事や賃金が低い職種を選んでいること、モチベーションがそれほど高くない、キャリア志向が強くないといったことが考えられます。雇用の側に、子どもがいる女性に対する差別意識があることも一因のようです。

さらに、この分析では住んでいる国の制度や文化の違いによって、「母になることによる賃金ペナルティ」が異なることも明らかにしています。ジェンダー格差の小さい北欧諸国やフランス、ベルギーでは、このようなペナルティはほぼゼロで、社会や雇う側がもっている差別意識やジェンダー規範が、賃金ペナルティを生み出しているのかもしれません。

興味深いことに、女性の社会進出がそれほど進んでいない南欧諸国でも、ペナルティは小さいです。これはなぜでしょうか。女性の社会進出がそれほど進んでいない地域で、子どもがいても労働参加する女性は、特別にキャリア志向が強いなどの特徴をもった女性です。そのような女性はもともと賃金が高い傾向にあり、平均するとペナルティは小さくなるようです。

高所得の女性ほど子どもを産むか

仕事をするうえで身につけるスキルは、それぞれに特殊であることが多いものです。まして や子育てに役に立つことは少なく、育児のために労働市場から離れると、同レベルの仕事には就きにくいと考えられています。保育士や看護師などの専門職で、人手不足の職種であれば難しくないかもしれませんが、ここでは資格がいるような専門職ではないけれど、企業ごとに何らかのノウハウがある、多くの労働者に当てはまるケースを想定しています。いわゆる総合職と一般職の違いをイメージするとわかりやすいかもしれません。総合職として身につけたスキルは、特定の企業、職種と関係しているものであることが多く、転職や再就職後に同じように使えることは少ないでしょう。

一方で、一般職で身につけたスキルは、転職や再就職しても、ある程度役に立つでしょう。実際に出産などで退職した女性の再就職先の多くは一般職です。このようなことから、「母になることによる賃金ペナルティ」は、総合職に就くような比較的高学歴の女性ほど大きいと考えられてきました[7]。

ただ、理論上もしくは直感的にはそうであっても、実際のデータを使った実証研究では、反対の結果が出ています。先に紹介したメタ分析では、教育水準の低い女性ほど「母になることによる賃金ペナルティ」が大きいのです。

最近の研究でも、女性の高学歴化もしくは社会進出と少子化は、必ずしも相関していないという興味深い結果が示されています。第6章でも、日本やイタリアなどジェンダー規範が強い国や地域では、女性の高学歴化と少子化の相関は強い一方、北欧諸国などジェンダー規範が弱い国や地域では、高学歴女性ほど結婚し子どもを産むことを示した研究を紹介しました。ゲイリー・ベッカーの研究以降、高学歴の女性は結婚すること、もしくは子どもを産むことのコストが大きく、結婚しない可能性が上がると理解されてきましたが、そうとは限らないという研究が出てきているのです。

アメリカのデータを用いて、「母になることによる賃金ペナルティ」は低所得の女性でのみみられることを示した研究もあります[100]。高所得の女性にも過去にはペナルティがみられたようですが、一九九〇年代中頃からペナルティは減少し、現在では逆転して、「母になることによるプレミアム」になった、つまり子どもがいる女性ほどより稼ぐことを示しました。

また、高所得の女性ほど子どもを産むという実証結果も示しました。その背景にある変化として、女性の出産年齢の上昇、子どもがいる女性の労働時間の増加、パートナーの協力を挙げています。

アメリカのジェンダー格差は、北欧諸国より大きく、先進国のなかでジェンダー格差という点では中間的な国でしょう。そのアメリカでも、女性の社会進出と少子化が逆の関係にあることを示したことの意義は大きいです。

3 育児休業制度の功罪

日本の制度は最高レベル

日本では、二〇二一年六月に育児・介護休業法が改正され、二二年四月から段階的に施行となりました。とりわけ二〇二二年一〇月から施行された出生時育児休業制度は、「産後パパ育休」と呼ばれ、出産する女性が取得する産休と同様に、子の出生後八週間以内に、男性も最長四週間まで取得できる休暇です。

「産後パパ育休」は、現行の育児休業制度とは別の制度として新たに創設されたのですが、現行の制度が整っていないわけではありません。日本の育児休業制度は、制度としては先進国で最高レベルです[147]。

父親だけに割り当てられた育休制度を8-2に表しました。育休制度は各国とも母親と父親のどちらが使ってもよいという制度もありますが、ここでは父親だけに割り当てられた育

8−2　父親だけに割り当てられた育休制度、2020年

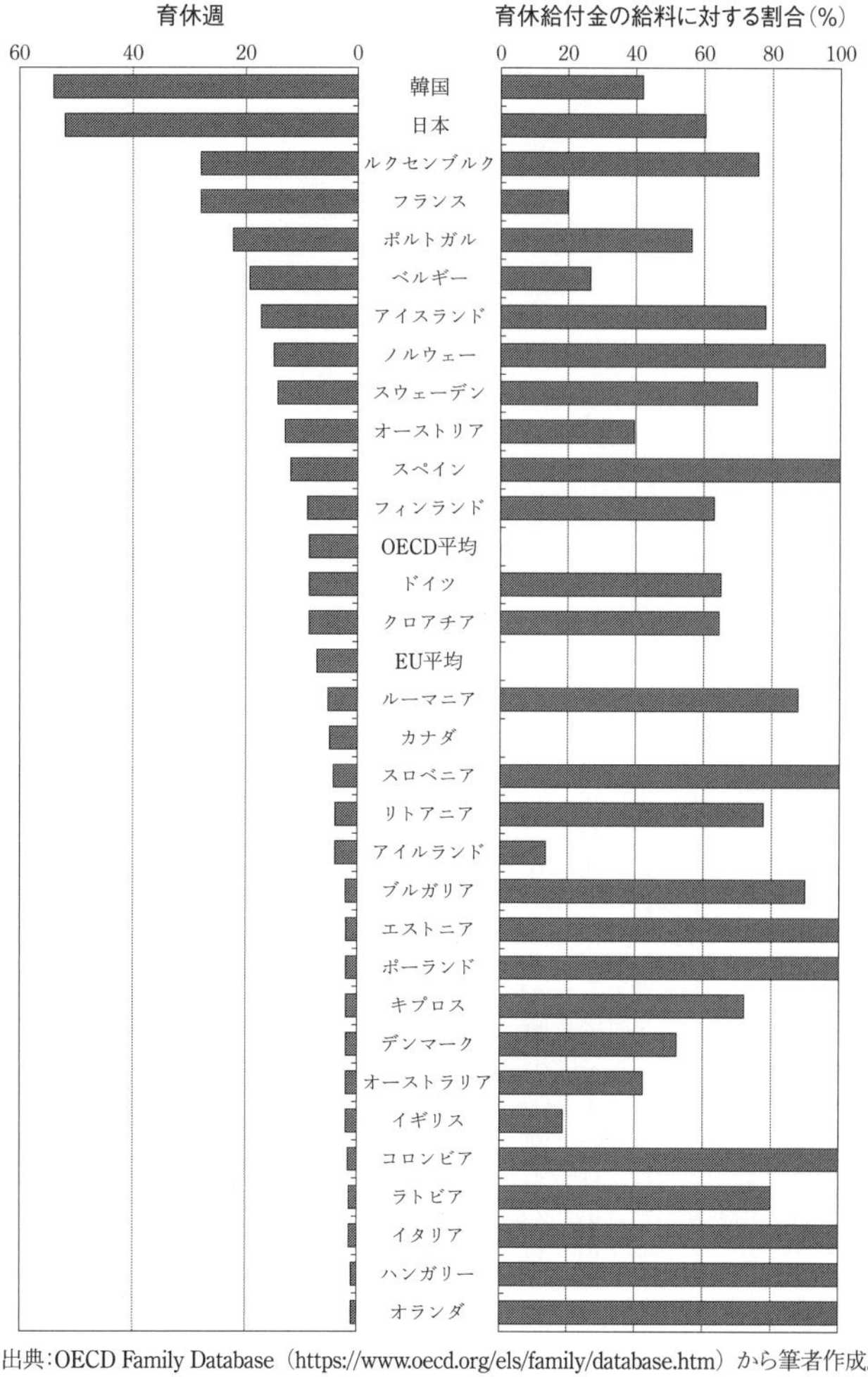

出典：OECD Family Database（https://www.oecd.org/els/family/database.htm）から筆者作成。

8−3　父親の育児休業取得率の推移、2007〜21年

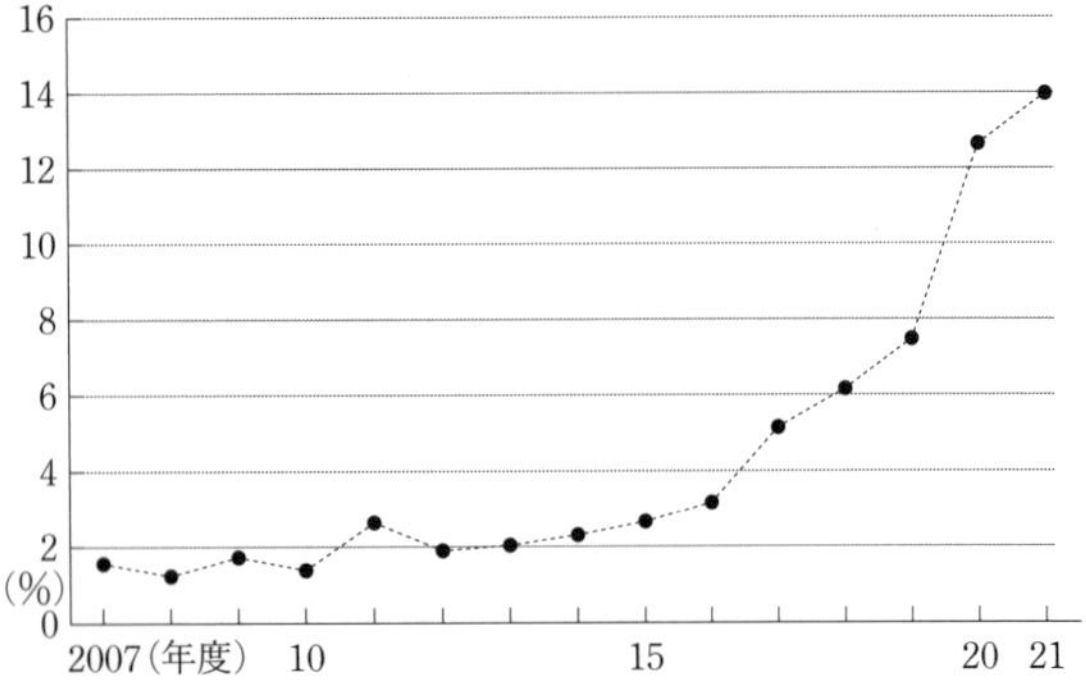

注：2011年度は、岩手県、宮城県及び福島県を除く全国の結果。
出典：厚生労働省　令和3年度雇用均等基本調査（https://www.mhlw.go.jp/toukei/list/71-r03.html）の事業所調査図4から筆者作成。

休週と育休給付金の給料に対する割合を取り出しています。

ただ、よく知られているとおり実際の運用では、日本はほかの先進国に比べて、育児休業制度を利用する男性が限られています。OECDのデータでは、日本の育休取得率は不明ですが、二〇一六年にトップのスロベニアで九割を超え、OECD諸国平均では五割を超える父親が育休を実際にとっています。

では、日本の父親の実際の取得率はどうなのでしょうか。8−3は、厚生労働省の雇用均等基本調査が発表している父親の育休取得率です。ほかの先進国に比べては、たしかに見劣りしますが、取得率は近年急上昇しています。ただ直近の一四％のうち、二週間未満の取得が五割を超えています。制度上は一年も育児休業が認められているにもかかわらず、実績が伴っていな

いといえるでしょう。

男性が育児休業を取得すると、たとえば出世に響くといったことがまことしやかにいわれます。男性が育休を取得しにくいという社会や会社の雰囲気以上に、男性が育休を取得しないことを問題視しない人たちも、男女問わず少なからずいるようです。先に紹介した内閣府男女共同参画局の調査では、男性の二七％、女性の二一％が、育児は女性がすべきと回答し、根強いジェンダー規範がうかがえます。

このような雇用慣行や思い込みが、現実の男性の育児休業取得を妨げていることは、広く知られています。この状況改善のために、今回の改正育児・介護休業法の段階的施行のなかでは、二〇二二年四月一日から雇用環境整備義務が課せられました。具体的には、管理職が育児休業などに関わるハラスメントを行わないよう、研修を実施することなどです。

制度が及ぼす意外な結果

では、男性が育休を取得するように制度で保障すれば、男女双方で育児を負担する動きにつながるのでしょうか。

実は、男性の育児休暇を促す制度が女性の昇進などにとって不利な結果を招いたという研究もあります。[14]

アメリカの大学で若手研究者がテニュア（終身雇用保障）を取得するまでには、たとえば、五年以内に論文三本を著名な学術雑誌に掲載することといった条件があります。この研究では、若手研究者に子どもが生まれた場合、男性女性を問わず、テニュアの時効を伸ばす、たとえば五年から六年に延長という制度の導入を利用しました。この延長された期間、育児に専念して研究をしないとしてもペナルティがない点で、育児休暇とみなすことが可能です。また、制度の導入時期が大学によって異なり、その時期をランダムとみなして因果関係の証明に利用しました。

結果は、この実質的な育児休暇制度導入が、男性の研究者のキャリアにとって有利に働いたことを示しました。育児休暇をとった女性研究者は、本当に育児に専念したのですが、男性研究者は、実際には育児を行う代わりに自身の研究を進めたため、実質的にテニュア取得期間の延長という恩恵に与ることができたからです。これによって、制度を利用した男性研究者は、制度を利用した女性研究者に対しても、子どもがいない、つまり制度が利用できない男性研究者に対しても、結果として有利な立場に立つことができたのです。

これはアメリカの大学で、テニュア取得を目指す若手研究者をあくまで対象にしたものです。一般的にも当てはまるかは定かではありませんが、直感的には当てはまるような気がします。育休や「産後パパ育休」を実際に利用する男性が裁量労働制に適した専門職だった場合、名目的には休暇中に仕事を進めることは十分考えられるからです。休暇中に資格試験への挑戦などもあるかもしれません。

この研究は、法や企業内の制度の改正だけでは状況が改善するどころか、女性にとっては改悪となる可能性が否定できないことを示唆しています。企業における管理職の意識改革も大切ですが、世間一般に対しても、育児は女性というジェンダー規範そのものに疑問を投げかけ続ける努力が必要でしょう。

＊

日本の少子化については、女性の社会進出がその元凶であるかのようなイメージをもつ人もいるかもしれません。しかし、第6章でみたとおり、ジェンダー規範が強くないところでは、女性の労働参加は子どもを産むことを妨げず、子どもがいても女性の活躍の妨げとなっていません。先進国全体でみれば、女性の高学歴化、社会進出は少子化の原因ではありません。女性の社会進出をよしと思わない意識こそ、むしろ少子化につながっているのです。出産などで一時的に労働市場から離れていても、いつでも労働市場に復帰して稼ぐことができるなら、子どもをもつハードルが下がることは理解しやすいでしょう。

日本には、母親は子どもが三歳になるまで子育てに専念しないと成長に悪影響を及ぼすという、「三歳児神話」があります。しかし、経済学の実証研究は三歳児神話を否定するエビデンスを示しています。[147]

二〇二二年四月一日から施行された改正育児・介護休業法によって、日本の男性も育児に積極的に関わることが期待されています。ただ、法や制度が整えば自動的に男性による育児が促されるわけではありません。それどころか経済学の実証研究によれば、改正は女性の社会での活躍にとって、相対的にマイナスになる可能性も示されています。ここでも、育児は女性というジェンダー規範の変化が不可欠なのです。

終章　なぜ男女の所得格差が続くのか

ここまでジェンダー格差にまつわる諸問題について、ミクロ経済学実証研究が明らかにしてきたことを中心に紹介してきました。まとめとなるこの章では、経済学で伝統的に扱われてきた男女の賃金もしくは所得格差について、すでに本書で紹介した論文にも触れつつ、締めくくります。

序章で、「ジェンダー・ギャップ指数」の中身のうち、日本は政治と経済分野でランクが低いことを指摘しました。経済分野のジェンダー格差を測る指標には、同一労働における男女賃金格差と推定勤労所得の格差が含まれます。

一般に所得は、たとえば家賃収入などの資産所得も含みますが、ジェンダー格差を測るときには勤労所得のみを指します。

また、経済学が男女賃金格差を扱うときの賃金は、同一労働を必ずしも前提としていません。OECDデータの男女賃金格差は、単に男性と女性のフルタイム勤労所得の中央値の差を表しています。経済学でも、むしろ同一労働を前提とせず、勤労所得の中央値や平均値の男女差を意味することが多いようです。この章でも賃金格差は、勤労所得の差と同じような意味で使います。

経済学は、なぜ男女の所得格差があるのかを、かなり熱心に研究してきました。伝統的には雇用の側や消費者の女性差別、出産や育児によるキャリアの中断、男女の学歴の違いが理由と考えられてきました。

ところが、学歴の違いについては、序章でみたように、すでに先進国では、日本を除いて女性の大卒割合が男性のそれを超えています(0−3)。つまり、教育投資は一見したところ、女性のほうがすでに大きくなっているのです。にもかかわらず、OECD諸国に限ってフルタイム勤労所得を比較すると、男性に比べて女性の所得は一二%ほど低くなっています。これはどのように説明ができるのでしょうか。

1　経済学の伝統的な三つのアプローチ

所得格差の実態

まず、実際の男女所得格差がどれくらいなのか、また国によってどれほど違うのかをみてみましょう。

9−1は、OECD諸国のフルタイム勤労所得の男女格差を表しています。数値は、男性

9−1　OECD諸国のフルタイム男女賃金格差、2018年

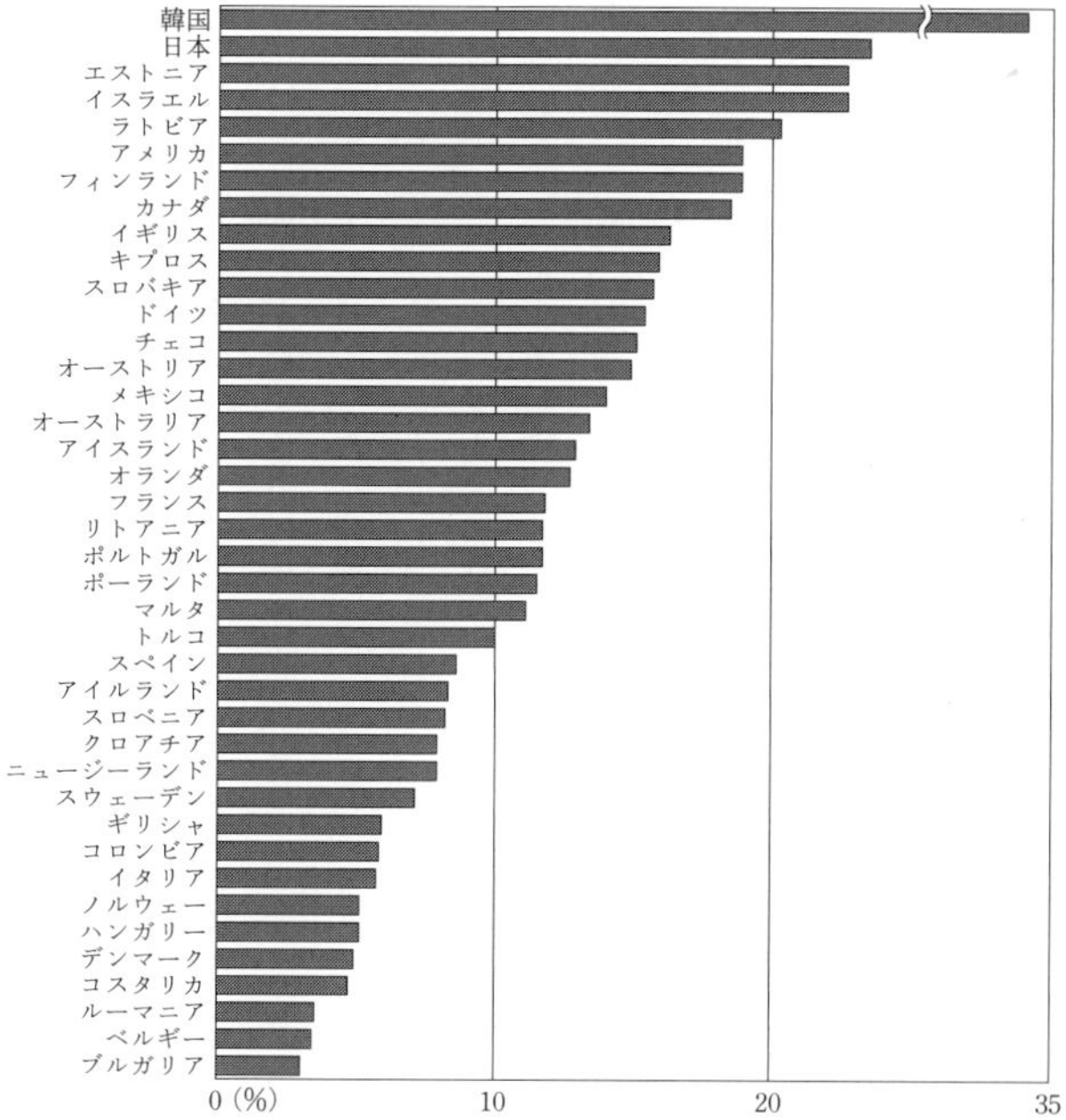

注：数値は男性勤労所得中央値に比した男女差を表す。
出典：OECD https://stats.oecd.org/をもとに筆者作成。

の中央値に比べて、男女差がどれだけあるかを示しています。

たとえば、日本の二四という数値は、男性の所得に比べて女性の所得が二四％低いことを意味します。日本や韓国の格差が目立ちますが、ジェンダー格差が小さいとされるスウェーデンやノルウェーでも、いまだに格差は存在し、経済学者の関心を集めてきました。

以下、男女の所得格差について、経済学の伝統的な三つのアプローチ

――学歴、キャリアの中断、差別――からあらためてみてみましょう。

学 歴

経済学では、教育にお金をかけることを教育投資といいます。子どもの教育にお金を使った分だけ、子どもが将来より稼ぐ仕事に就くことができ、投資コストに見合う分を回収できるという期待があるために、投資という考え方をします。もちろん、本当によい仕事に就けるかどうかはわからず、だからこそ投資と考えることもできるでしょう。

実証研究では、もっとも基本的には学歴と職歴（年齢）によって賃金を推定します。賃金は労働生産性に対する報酬ですが、生産性を直接測るのは難しいことが多いので、代わりに学歴を用いて測ってきました。先進国では大卒か否かが大きく賃金に影響を与えるために、学歴には大卒か否かを示す変数を使うことが多くあります。経済学では長いあいだ、学歴が賃金を決定すると考え、またデータでもそのように示してきました。いまでも基本的にこの考え方は変わっていません。

ところが、こと男女の賃金格差を説明しようとすると、先進国に限っては不都合が生じてきました。これまでにみてきたとおり、すでに女性の大卒割合が男性のそれを超えてしまったからです。

キャリアの中断

日本では、終身雇用制や年功序列による賃金体系が崩れてきているとはいえ、ほかの先進国に比べればいまだに根強くあります。また、中途採用の即戦力より新卒採用が中心となってきました。日本のような労働環境では、キャリアの中断は男女を問わず、所得の減少につながる傾向にあります。では、国際的にはどうでしょうか。

実証研究では、データの制約から職歴は、年齢マイナス大卒年齢が多く使われてきました。しかし、女性については、結婚や出産による退職や、出産・育児休業、子育てによる時短勤務など、職歴が中断されることも多いでしょう。第6章や第8章でみたとおり、経済学では、家事や子育てにかかる時間は、労働時間との「トレードオフ」、つまり両立しえないものとして分析されてきました。実証研究も結婚しているかどうかにかかわらず、家事労働の増加は労働市場における生産性を下げることを示しています[87]。

子育てが女性の所得に与える影響については、第8章で実証研究を紹介しました。相関関係だけをみれば、子どもがいる女性の所得水準は平均して低いことが多いようです。これは、先述したように「母になることによる賃金ペナルティ」、もしくは「子どもをもつことに伴うペナルティ（Child Penalty）」と呼ばれます。

しかし、子どもの数が増えると所得水準低下をもたらすという因果関係については、はっきりとしたことはわかっていません。第8章で紹介したヨシュア・アングリストたちの有名な研究が示したとおり、多くの人が思っているほど大きな影響はないようです。[12] ただ、第一子については、長期的な所得水準の低下をもたらすといえそうです。[106]

一方で、因果関係は逆になりますが、第6章で紹介したベルトランとカメニカたちの研究は、夫の所得を超えそうな妻ほど家事にかける時間を増やすことも示しています。[27] 家事や子育てを頑張り、さらに夫よりも稼ぐという女性が増えているのかもしれません。

差別

雇い主が男性と女性で差別しているからだということも、理由として考えられてきました。日本で一九八五年に制定された男女雇用機会均等法は、採用、配置、昇進などあらゆる面で、性別を理由にした差別を禁止しています。裏を返せば、それまでは結婚や出産を理由とした解雇が普通だったということでしょう。いまでも現実にそれらが横行する実態もあるでしょう。これは日本だけの問題でなく、結婚や出産を理由とした雇い止めは、アメリカでも二〇世紀中頃までは当たり前だったことは、第5章で触れたとおりです。

経済学では、このようなわかりやすい差別が、男女の所得格差の大きな要因と考えてきました。差別には、好みによる差別、統計的差別と、大きく分けて二つの考え方があります。

雇用の側が、同じ学歴・能力をもった男女の応募者を前に、単に男性を雇うほうが好ましい、男性を昇進させるほうが好ましいという理由で、男性を雇ったり昇進させるとしたら、それは好みによる差別にあたります[22]。特段合理的な理由もなく、管理職は男性のほうが向いている、好ましい、といった思い込みが好みによる差別につながります。理論的には、このような差別を行う企業は、利潤最大化を犠牲にしているので、差別がない企業に比べて利潤は小さくなり、いずれは競争に負けることになります。実証研究は、実際に差別のある企業のほうが利潤は小さいことを示しています[86]。

他方で、第4章で説明したとおり、統計的差別はこれまでのデータをもとに判断しているため、企業にとっては、利潤を最大化する合理的な意思決定といえます。

では、差別の存在はどのように実証できるのでしょうか。

伝統的には直接的な因果関係、つまり、差別が男女の雇用や昇進の違いをもたらす、ということを証明してきたわけではありません。学歴や経験年数、職業や産業などの特徴が同じ男女で比べてもなお、そういった特徴では説明できない男女賃金格差や所得格差があるとしたら、それは差別だとみなしてきました。ただ説明できない要因には、差別もあるでしょうが、研究者には観察できないそれ以外の特徴もあるでしょうから、これでは実証研究としてものたりません。

厳密に因果関係、つまり女性であるから雇用されなかった、昇進しなかったことを実証するには、まったく同じ能力や特徴をもった人物を性別だけ変えて反実仮想をつくりだし、就職なり昇進なりの結果を比較することが必要ですが、現実には難しいでしょう。しかし、経済学の実証研究では、できる限りそういった状況をつくりだす工夫をしてきました。典型的には、性別以外すべて同じという特徴の履歴書を採用企業に送り、書類審査通過の可能性を比べるといった方法です。このような実験は監査調査（Audit Study）と呼ばれます。

ハーバード大学のクラウディア・ゴールディンたちの研究では、アメリカのオーケストラ楽団のリクルート方法の変化を利用して、雇用に女性差別があることを実証しました[77]。

楽団の多くは、一九七〇年代から八〇年代にかけて、目隠しオーディションによって演奏者を選ぶようになりました。選考者と応募者のあいだについたてを設置して、応募者の性別を含めた見た目がわからないようにして、演奏だけで選考する方法です。ただ、この目隠しオーディションを採用したタイミングや、どの選考段階まで採用するかは、楽団によって異なりました。この採用の際に応募者の性別がわかるかどうかの違いを自然実験として利用しました。

ゴールディンたちの研究結果によると、目隠しオーディションによって、女性が選考過程の第一段階から次の段階に進める可能性が五割も上昇しました。女性であることを理由に、採用で差別があることを示したのです。

2　賃金以外の条件を重視する女性たち

男女で違う職種

男性と女性では、職業や働く産業が大きく異なり、あたかも職業分離しているようにみえることが知られています。STEM分野を代表するエンジニアには男性が多く、教員には女性が多いといったことです。

第4章で触れたとおり、とりわけ欧米諸国では、このSTEM分野での所得水準が高い傾向にあり、平均すると男女賃金格差が生じます。これまでの研究でこの男女の職業分離が、男女賃金格差の大きな要因のひとつであることがわかってきました[37]。とりわけ、二〇一七年に発表された、コーネル大学の労働経済学者フランシーヌ・ブラウとローレンス・カーンの文献研究では、男女賃金格差の半分を説明する最大の要因と結論づけました[30]。

職業分離は、伝統的には先にみた差別の結果であると考えられてきました。より差別的な企業は男性ばかり雇ったり昇進させたりした結果、職場の分離が進んでいくという考えです。ただ近年では、とりわけ先進国では男女雇用機会均等法といった法律で差別が禁止され、明らかな差別はないことになっています。

しかし、経済学の実証研究で試みられてきたとおり、雇用の側に差別が存在することはわかっています。それが職業や職場の分離に結びついて、いまだに男女賃金格差を生み出す要因のひとつと考えられています。

職業分離は能力を反映していない

ここでは、差別というよりは個人の選択の結果、職業分離が進んでいる可能性について考えてみましょう。

STEM分野の職業の賃金が高いとして、なぜ、女性はSTEM分野の職業に就きたがらないのでしょうか。そもそも、なぜSTEM分野を専攻しないのでしょうか。

女性は生まれつき数学や理系分野が苦手なわけではないことは、自然科学、具体的には脳や認知科学の分野ではすでにはっきりとしているようです[96]。では、なぜ多くの人が女性は数学が苦手だ、理系分野に向いていないと思っているのでしょうか。

考えられる要因は、社会規範や、それによって形づくられた思い込みです。思い込みには、女性は数学が苦手、女性はエンジニアには向いていない、男性のほうが科学の才能がある、といったものが含まれます。このような思い込みと社会規範がお互いを増幅しながら、女性たちの数学に関する自己評価を下げ、結果それが実現してしまうというのが、現時点ではもっとも可能性が高いようにみえます。国際的にみても、ジェンダー規範の強い地域のほうが、女性の数学テストのスコアが男性に比べて低いようです（4-3）。

第4章では、このことを実証した研究を紹介しました。そこでは、担任教師が男性で、かつ女の子は数学が苦手だという担任教師の思い込みが強いと、担任された女の子たちの数学の成績や自己評価が本当に下がり、進路にも悪影響を及ぼすのです[38]。

セクハラが職業分離を加速させる

男性と女性の職業や職場分離は、それ自体が原動力となって、さらに進んでいく傾向があることを実証した研究があります。ストックホルム大学のヨハンナ・リクネ教授たちの研究は、男性が多い職場のほうが賃金が高いことを示したこれまでの研究を前提として、スウェーデンのデータを用いて、セクハラが男女の職場分離をさらに促し、男女賃金格差が開くことを示しました[66]。

スウェーデンは、ジェンダー格差が小さいことで知られますが、それでも過去一年以内に職場でセクハラの被害に遭ったと答えた女性は一三％ほどいます。この調査は政府が実施しているので、職場での聞き取りと違って匿名性が担保されることや、一般的な職場環境に関する一〇〇以上ある質問のうち、セクハラに関する質問はたった二問であることなどから、データの信頼性はかなり高いと考えられます。リクネたちはこのデータに加えて、自ら簡単なオンライン実験を実施し、セクハラ被害を賃金に換算することも試みています。

リクネたちは、まず男性の多い職場ほど賃金水準が高いことを確認したうえで、そのような職場ほど、女性がセクハラ被害を訴える可能性が高いことを示しました。実験結果によれば、同性がセクハラ被害に遭っている環境は、賃金が一七％下がることと同等と評価されました。実際に、セクハラ被害に遭った女性ほど、その後、より男性が少ない職場に、またより賃金が低い職場に転職していくこともわかっています。

リクネらは、セクハラが男女賃金格差のうち一〇%ほどをもたらしていると推定しました。ただ、これは具体的な採用・転職をもとにした推計なので、最低ラインと考えたほうがよいかもしれません。セクハラのリスクが高い男性が多そうな職業を選択しない、もっといえば、そもそも男性が多そうな分野は大学で専攻しない、ということもあれば、格差への影響は一〇%どころではないでしょう。

女性は柔軟な働き方を望む

女性のキャリア中断や職業選択とも大きく関連しますが、女性は家事や育児の負担を考慮し、高い賃金を犠牲にしても、柔軟な働き方を望むことがありそうです。典型的には、フルタイムではなくパートタイム労働を選ぶことが挙げられます。コロナ禍でテレワークが進んだことで、賃金が下がっても在宅での労働を選ぶ選択肢も生まれつつあります。

日本はもとより、先進国全般に労働時間と家事に費やす時間には大きな男女差があります(9-2)。労働時間が長いとそれに比例して所得も上昇することが、単に男女所得格差をもたらしているのでしょうか。

そうではなく、より長時間働き、より深夜に働くほど、加速して所得が上昇することがわかっています。単に長く働けるかよりも、雇用側の都合に働く時間を合わせられるか否かが

9−2　OECD諸国の男女1日当たり家事および労働時間の違い

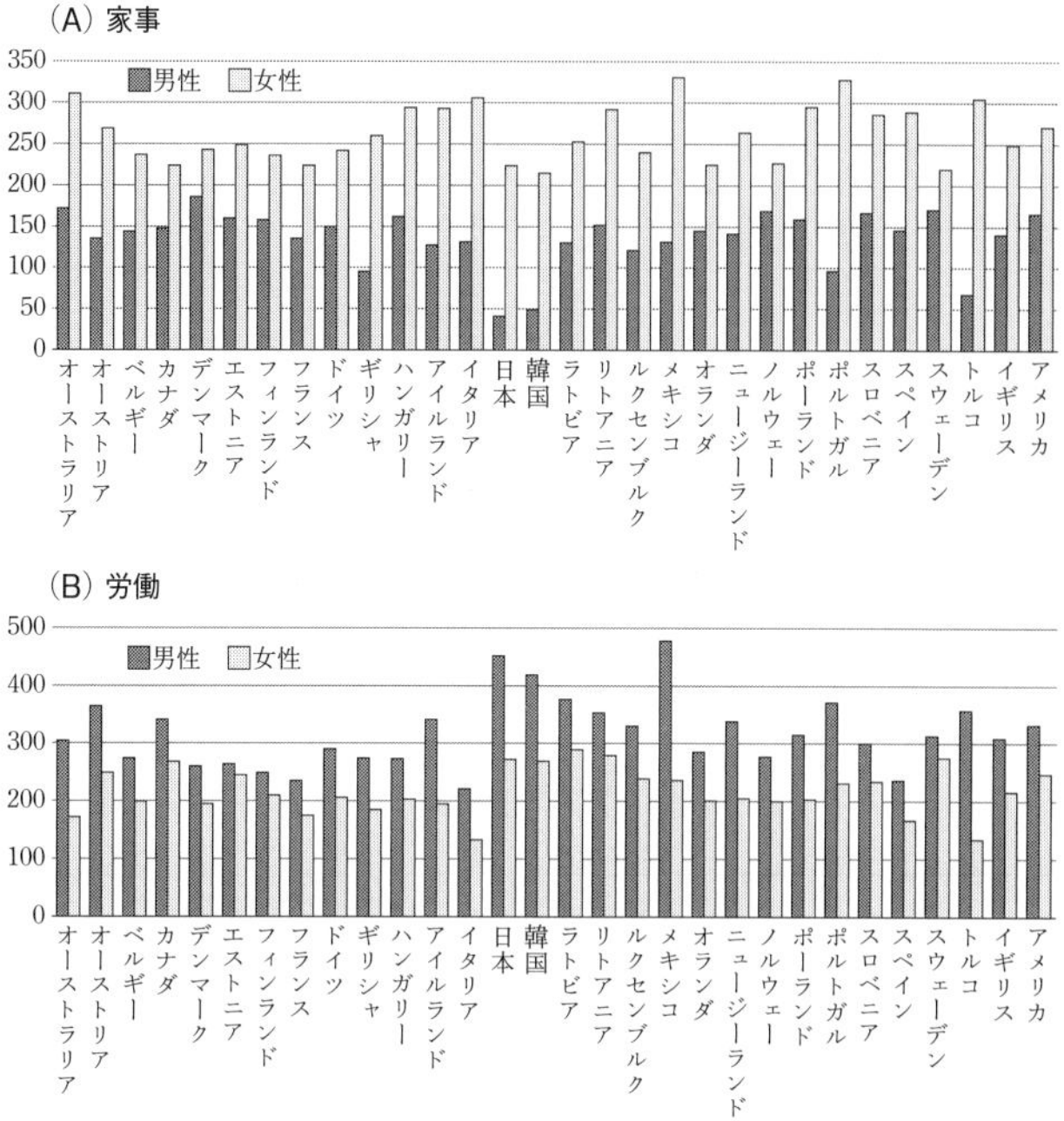

注：(A)は15〜64歳の1日当たり家事時間（単位は分）。(B)は15〜64歳の1日当たり労働時間（単位は分）。
出典：OECD https://stats.oecd.org/の2022年10月時点で最新のデータをもとに筆者作成。

鍵となりそうです。

先述したクラウディア・ゴールディンは、柔軟な働き方のできる職業かどうかが男女所得格差の大きな要因のひとつと結論づけました[75]。

　最近のミクロ経済学実証研究では、女性は柔軟な働き方を望むかどうかを直接的に示すことを試みています。それには、主にマーケティングや環境経済学の分野で測定してきた、

「支払い意思額（Willingness to Pay: WTP）」を応用しています。

WTPとは、直接にはある商品にいくらなら払ってもよいかを多くの消費者から聞くことで測定が可能です。ほかにも、工場や車両の排気ガスが少ない地域に住むためにはいくらまでなら家賃が増えてもいいかといったように、よりよい環境の価値を測ることも可能です。

ここでの例では、柔軟な働き方を認めてもらうとしたら、どれだけ払ってもいいか、逆にいえばどれだけ賃金が下がってもいいかです。最近のいくつかの研究では、女性のほうが、柔軟な働き方の代わりに低い賃金を受け入れやすいことを示しています。ただ、それがどれぐらい男女の所得格差に結びついているかは結果が分かれています。それほど大きくないという結果もあれば[115]、格差の四分の一を説明する[145]といったものもあり、いまだはっきりとしたことはわかっていないようです。

また、女性は高い賃金を犠牲にしても、短い通勤時間を好むようです。経済学の実証研究では、女性が男性に比べて通勤にどれほど価値を置いているのか、それによってどれほど所得を犠牲にしているのかについて、推定する試みが行われています。

フランスの行政データを使って、通勤時間を短くできるならば、賃金がいくら下がってもよいかを推定した研究があります[101]。結果は女性は男性に比べて、二二%ほど高い価値を通勤に置いていることがわかりました。この価値の違いは、男女の賃金格差の一四%に相当するとのことです。

3　心理学的なアプローチ——競争や交渉を好むか

競争や交渉を好まないのか

最近では、男女所得格差の要因として、心理学的な違いや非認知能力の違いも注目されています。女性は競争や交渉が好きではない、出世したがらないといったことがよくいわれています。

たとえば、二〇二一年のアメリカのデータをみると、[41] 管理職に女性が占める割合は半分を超えていますが、大企業のCEOといったトップの管理職となると、女性の占める割合はわずか八・八%と圧倒的に男性が占めています。そこには先述したような、昇進にまつわる差別やキャリアの中断ももちろんあるでしょうが、熾烈《しれつ》な競争やポスト獲得の交渉を好まないことがあるという考えです。

女性のほうが競争や交渉を好まず、それが男女の所得格差につながっているという因果関係を証明するには、ランダムに競争や交渉をするグループとしないグループに分け、その後両者の所得を比べる必要があります。心理学では実験室を使った研究がいくつかありますが、現実の労働市場でも同じことが当てはまるとは限りません。

アメリカ・ウィスコンシン州の公立校における賃金交渉の自由化が、学区によって多少ずれが生じたことを自然実験として利用した研究があります[29]。「たまたま」賃金交渉ができるようになった学区では、できなかった学区に比べて、教員の資質や交渉力を同じにしても、男女教員の所得格差が広がったことを示しました。その理由として、女性教員たちがそもそも交渉をしたがらないことを示しました。興味深いことに、格差は年齢が若く経験が少ない教員ほど、また校長や交渉相手の学区長が男性であったときにだけありました。

自己評価が低いのか

なぜ女性は交渉をしたがらないのでしょうか。

第4章で、たとえ能力が同じであっても、一般的に男性が得意だと思われている分野については、女性の自己評価が下がることを示した研究[32]を紹介しました。これは大学生を対象にした実験でしたが、労働市場に応用すると、どうなるでしょうか。自己評価が低いと、交渉をしない結果、男女の所得格差が開くことがあるかもしれません。

自己評価の違いについて、同じような能力の男女を比べるという丁寧かつ厳密な実験によって実証した研究があります[60]。それによると、一般に男性が得意と思われている理系分野の能力に関する自己評価についてのみ、男女で違いがありました。その自己評価の違いが潜在的に雇用されやすいかどうか、また期待される賃金水準についても、男女の違いとなって表れているのです。

交渉、自己評価と社会規範との関係

では、なぜ女性は男性が得意とされている分野に限って、自己評価が低いのでしょうか。一般に男性の得意分野は、ステレオタイプとして社会のなかで形づくられているので、ここでもステレオタイプや社会規範との関係を無視できないでしょう。

ここでいうステレオタイプは、男性は理系分野が得意だ、男性は管理職に向いているといったことです。第4章では、たとえ能力が同じであったとしても、ステレオタイプが男女格差につながることを実証した研究[38]を紹介しました。

同じように、なぜ女性は交渉をしたがらないのでしょうか。先述した研究は、交渉相手が男性である場合にだけ、若くて経験の少ない女性ほど、男性との賃金格差が開いたことを示しました。これは女性は生まれつき交渉が嫌いなわけではなく、相手によって交渉をしたがらないことを示唆しています。若い女性が年長の男性相手に賃金交渉などすべきでない、といった社会規範が働いているのかもしれません。

第3章では、競争を好むかどうかは生まれつきではなく、社会規範によって形づくられたものであることを実証した研究[71]を紹介しました。女性はこうあるべきという社会規範が、女性は競争を好まない、交渉が好きではないというステレオタイプを形づくっていること、女性は理系分野が苦手だといったステレオタイプが自己評価を下げていることがわかるでしょう。

＊

この終章では、男女の所得格差をもたらしているさまざまな要因について再確認してきました。男女の所得格差は、経済学でも王道のトピックであり、多くの研究が蓄積されています。

この本では、ミクロ経済学実証研究のなかで、最新の研究によってわかってきたことを中心に紹介しました。とりわけ、ランダム化比較試験（RCT）や自然実験を用いて、因果関係のエビデンスを示すことにこだわったものを中心に紹介しています。

たしかに学歴の差がなくなり、差別が少なくとも表向きには禁止された先進国については、それら伝統的な要因のもたらす影響は小さくなっているようにみえます。代わりに、社会規範のもたらす影響がますます無視できなくなっているといえるでしょう。

男女が就業する職種や産業の違いが、男女の所得格差の大きな要因であることは研究者の間で異論がないようです。では、なぜ典型的に男性が就くとされている職業、たとえばエンジニアや金融業に女性が少ないのか。女性がそもそもこのような職業に就くための専攻をしないのはなぜか。ここでもステレオタイプや社会規範の影響が大きいのです。

また、女性のほうが柔軟な働き方や短い通勤時間を望むことが男女の所得格差につながっているとしても、その背景には家事や育児との両立があるでしょう。仮に男性と女性が、家事や育児の負担を本当に折半するとしたら、それでも女性のほうが柔軟な働き方を望むのでしょうか。

日本では、男女を問わずキャリアの中断は所得格差に結びつく傾向にあります。では、キャリアを中断しなければならない理由は何でしょうか。

柔軟な働き方にしろ、キャリアの中断にしろ、家事や育児を女性が負担すべきという社会規範が大きく働いているのではないでしょうか。この社会規範に真面目に目を向けることが、日本のジェンダー格差解消の鍵となるかもしれません。

あとがき

共働き家庭が増えているにもかかわらず、日本の男性の家事や育児の負担率は先進国で最低です。女性の家事や育児の負担率が減らないのはなぜでしょうか。男性の家事や育児の負担率を上げるにはどうしたらよいのでしょうか。

二〇二二年一〇月から、改正「育児・介護休業法」の段階的施行のうち、出生時育児休業制度が始まりました。改正の背景には、いつまでたっても進まない日本の男性の育児参加がありました。男性の育児休業取得率は二〇二一年で一四％と、八割にのぼる北欧諸国とは大きな開きがあります。ただ、制度が整えば男性の育児休業が進む、問題が解決するという単純な問題ではないことは第8章でみたとおりです。

このまま女性の家事や育児の負担率が減らず、女性が無理をし続けるならば、離婚率はさらに上がるかもしれません。また、男性が育児休業をとらず、女性だけがいわゆるマミートラックにはまる現状が変わらなければ、キャリア志向の強い女性は、そもそも結婚を望まないでしょう。実際、二〇二二年六月に内閣府が発表した男女共同参画白書[122]によると、二〇代未婚女性のうち四分の一の女性が結婚を望んでいません。いずれも少子化にさらに拍車がかかることを意味します。

少子化に歯止めをかけるには、さまざまな政策が考えられます。出産一時金の拡充、待機児童の解消、保育士の労働環境・賃金の改善、幼保や教育の無償化の拡充、婚活のサポート、今回の改正にみられるような育児休業制度の充実などです。これらのわかりやすい制度とは別に、この本は少子化の元凶かもしれない視点についてエビデンスを提示しました。

それは「女性は家、男性は外」といったジェンダー規範です。先進国に限れば、少子化に悩む国ほど女性の労働参加が進んでいないことはデータから明らかです。少子化に歯止めをかけるには、このようなジェンダー規範を真剣に考える必要があるでしょう。

男女共同参画白書には、「もはや昭和ではない」とあります。昭和どころか平成も三一年が終わってすでに令和ですが、いまだに昭和的な価値観を引きずったままの政策議論があります。選択的夫婦別姓や、いわゆる「一〇三万の壁」などといわれる配偶者控除制度などです。同白書によれば、結婚願望がない多くの未婚女性が、「仕事・家事・育児・介護を背負うことになる」「名字・姓が変わるのが嫌・面倒だ」をその理由に挙げています。

年金制度改革でも私立高校無償化でも、夫婦二人のうち夫がサラリーマン、妻は専業主婦、子ども二人という世帯構成が、まずモデルケースとして計算されることが多いようです。すでに夫婦ともにフルタイム共働き世帯数が専業主婦世帯数を超えてしまった現状で、こういったモデルケースを前提に政策議論を進めることをまずはやめてはどうでしょうか。

少子化をはじめとした日本が抱える深刻な問題を解決するにはどうすればよいのか、思い込みを排除し、エビデンスをもとに科学的に議論を進めていったほうがより建設的ではないでしょうか。

この本では、ジェンダーに関してさまざまな思い込みがあり、思い込みがもたらす影響が大きく、ジェンダー格差につながっているエビデンスを紹介しました。

日本は、女性の活躍促進という命題を掲げて立法化までしながら、「ジェンダー・ギャップ指数」が先進国でもアジア諸国でも最下位のままです。政治分野の格差が一番足を引っ張っているので、まずは政治家にクォータ制度を導入してはどうでしょうか。世界ではすでに一三〇ヵ国が導入しているので非現実的でもないでしょう。第4章で紹介したベズリーたちの研究は、クォータ制の導入で女性議員の質が下がることはなく、むしろ有能でない男性議員を排除できることを示しています。[28]

五年後、一〇年後の「ジェンダー・ギャップ指数」で、日本は何位になっているでしょうか。女性だろうが男性だろうが、自分の能力を十分に活かせ、真に活躍できる社会を建設していくことが、いまの私たちの大きな責任でしょう。

＊

私は、所属先の日本貿易振興機構アジア経済研究所（通称、「アジ研」）で、ミクロ開発経済学の実証研究を専門にしています。専門の研究成果は、もっぱら査読付き英文学術ジャーナルに発表しています。査読付き英文学術ジャーナルは、日本の一般読者には縁遠い一方で、自分が研究活動で得られた知見には本当に面白いことが多く、それをもっと一般読者にも知ってもらいたい、それが本書執筆の動機です。

アジ研では、毎週、有志の経済学者たちと英文経済学のトップジャーナルに掲載された論文の勉強会を開催しています。これは二〇〇六年から始まった有志によるものですが、とても長く続いている勉強会です。私はオリジナルメンバーではありませんが、とても誇りに思っています。そのなかで読んだ論文を、アジ研のウェブサイト、『IDEスクエア』の「途上国研究の最先端」というコラムで一般向けに紹介してきました。私が執筆したコラムは、途上国・先進国問わず、ジェンダー経済学に関する実証研究の紹介が多いのですが、「一般向け」といいつつ、まだ専門的にすぎる気がしていました。本書では、そこで紹介した論文を含め、もっと多くの読者にこれらの知見を知ってもらうために、さらに平易な表現を心がけました。

本書執筆にあたって、フリー編集者の勝康裕さんには、構想の段階から、執筆、構成の細かい点まで丁寧に読んでいただき、たくさんのアドバイスをいただきました。勝さんなしには本書はありえません。中公新書編集部の白戸直人さんには、担当編集者として丁寧に草稿を読んでいただき、多くのアドバイスをいただきました。ふだんは、英文学術ジャーナル掲載に向けて研究・執筆を行っている私にとっては、和文の新書というのはまったく新しいジャンルで、的外れな部分も多くあったかと思います。本当に勉強になりましたし、新しい挑戦はとても楽しかったです。また、氏森工房さんには丁寧な校閲をしていただきました。この場を借りてお礼申し上げます。

私自身には中学生の娘がいます。娘が育つなかで、三歳児神話を含め多くの育児にまつわる言説が思い込みにすぎないことを実感してきましたし、私自身の思い込みもことごとく打ち砕かれてきました。多くの研究成果が示すように、三歳まで母親がみる必要はなく、父親でも祖父母でも保育士でも誰かがきちんと面倒をみればよい、ということを実感してきました。

娘が生まれたときから親子二人だけの生活なので、自分ひとりでは子育てができず、周りの方々に本当に助けていただきました。まず、生後間もないころから毎日元気に保育園に通い、私の研究生活を助けてくれた娘に感謝したいと思います。プロフェッショナルな保育士さんたちには、本当に助けていただきましたし、多くのことを学びました。ママ友の皆さんには、お泊まりも含めて、快く娘を預かっていただきました。他人の子を預かる気苦労は半端ではなかったと思います。本当に頭が下がります。出張中は、遠方に住む両親にも、老体に鞭《むち》打って助けてもらいました。都内に住む妹には現在進行形でお世話になっています。これらの方々によって私の研究生活は支えられてきました。心から感謝申し上げます。

娘が大人になるころに、日本のジェンダー格差が少しでも改善し、多くの女性たちが生き生きと輝く社会になっていれば、また本書がその一助になれば、こんなにうれしいことはありません。

二〇二三年六月

牧野百恵

ような結果を示しており、子どもが３歳までは母親が面倒をみるべきという、いわゆる「３歳児神話」が神話にすぎないことを実証したといえるでしょう。

であったことです。

⑤回帰不連続デザイン（Regression Discontinuity Design：RDD）

たとえば、育児休業制度がこれまでの2年から3年に延長されるような制度変更がなされた場合を考えてみましょう。この例で、育児期間の延長の効果はどのように測ったらよいのでしょうか。

因果推論の基本的な考え方は、仮に育児休業が2年のままであったら、結果はどうだったかという反実仮想との比較です。このためには、第1グループ（処置群）の親たちには3年まで認め、第2グループ（対照群）の親たちには2年までしか認めず、第1グループと第2グループの違いをみる、という実験を行うことが理想的です。しかし、通常そのようなRCTの実施は難しいです。

実際には、全国的に一律に実施せざるをえません。したがって、満2歳になる前の乳幼児を抱える親たちがすべて影響を受けるわけなので、厳密にいえば対照群は存在しません。

ここで、単に3年育休を取得した母親たちと、2年しか取得しなかった母親たちを比較することでは因果関係の証明にはなりません。実際3年育休を選んだ母親たちと2年で職場復帰を選んだ母親たちでは、キャリア意識や子育てに携わる意識が異なるでしょうから、単に3年育休を取得した母親たちのほうが出世が遅れたからといって、必ずしも育休期間の結果とはいえません。このような選択バイアスをどのように回避したらよいのでしょうか。

RDDは、制度が導入されたことで、その影響をぎりぎり受けたグループと受けなかったグループに質的な違いはないだろうということを仮定して因果推論を行います。この例では、制度導入時には、子どもがぎりぎり満2歳に達していなかったために、3年まで育休を取得しようと思えば取得できるグループと、導入直前に子どもが満2歳に達してしまい、ぎりぎり育休が2年までしか取得できなかったグループとで、母親のキャリアや子どもの将来に関わる結果を比較します。選択バイアスを回避するために、実際に3年まで育休を取得したか否かではなく、子どもが満2歳になったのが制度導入の直前だったグループと直後だったグループを比較します。

RDDは、すでに実施された制度を評価する際に、またRCTのような介入実験ができないようなケースでも因果関係を推論できるので、実証研究ではよく利用されている手法です。ちなみに、RDDを用いて、育休期間を1.5歳から3歳までに延長したドイツの制度変更の効果を測った実証研究は、母親が3歳まで育休をとっても、1.5歳まででも、子どもの将来に違いがないことを示しました[55]。ほかの国のデータを使った同様の研究もだいたい同じら頭脳を使う仕事に優位である、つまり比較優位をもつといえるのです。

ですので、たとえ何ごとにおいても絶対的には劣っている人であったとしても、何らかの事柄においては必ず比較優位をもつことがわかります。

④「差分の差分法」(Difference-in-Differences：DID）による分析

DIDは、介入実験が倫理的もしくはそのほかの理由で実施できないような事象の因果関係を証明したいとき、因果推論を行う方法として広く使われています。

筆者が実証研究で利用したDIDの例を紹介しましょう［109］。この研究の結論については第6章で触れています。

インド全体では、「2005年ヒンドゥー相続法」以前は、女性にその男兄弟と同様の相続権が認められていませんでした。ただインド南部の5州では、2005年以前から州法によって女性にも相続権が認められていました。たとえばケーララ州では1976年、カルナータカ州では1994年から、これらの年以降に結婚した女性に相続権が認められました。

ここで、たとえば相続権を認められた女性とそうでない女性のエンパワーメント指標を単純に比べても、女性の相続権の保障→エンパワーメントという因果関係の証明にはなりません。これは、大きくはケーララ州やカルナータカ州の女性と北部州の女性を比べることになりますが、そもそも、ケーララ州やカルナータカ州は女性のエンパワーメント指標が高い州なので相続権が保障された可能性が高く、逆の因果関係がありそうです。

このようなケースで因果関係を証明するときにDIDが使われます。具体的には、たとえばカルナータカ州内で1994年以前に結婚したために相続権が認められなかった女性と、1994年以降に結婚したために相続権が認められた女性とを比較し、同様に北部州でも1994年以前と以後を比べます。そして、カルナータカ州内の以前と以後の差と、北部州の以前と以後の差、2つの差をさらに比べます。ほかの相続権が認められた南部の州でも、認められた年に応じて、2005年まで認められなかった北部州と、同様の比較を行います。

2005年以前に相続権が認められた州と、そうでなかった州を単純に比較しても、因果関係の証明にはなりません。DIDは、そうであったとしても、認められた州は認められた年の前後で違いが大きく現れるだろうが、認められなかった州はその前後では違いは出ないか、出ても相対的に小さいだろうという考え方をもとにして因果関係を推定しています。

DIDが正しく因果推論を行うためには、ある条件を満たしている必要があります。この場合の条件は、相続権が認められた州とそうでなかった州で、認められる以前のエンパワーメント指標が、同じような動き（＝トレンド）

もともと高いでしょう。そのような女性は、労働参加する割合も高いでしょう。とすれば、ワークショップに参加している女性のほうが労働参加しているからといって、これは、ワークショップの効果なのか、もともと女性がもっている勤労意欲の効果なのか判別できません。

ITTのメリットは、介入にかかわらず、自分の意思によってワークショップに参加し、労働参加する被験者の効果を排除することができる点にあります。この自らの意思によって、ワークショップに参加という選択を行うことからもたらされる不正確な推計を選択バイアスといいます。

②労働参加の定義

ILO（国際労働機関）の定義では、労働参加とは労働力として経済活動に参加していることを指します。経済活動への参加は、失業中であっても積極的に求職しているものも含みます。労働参加率は、労働参加している人数を生産年齢人口で割ってもとめることができます。生産年齢人口は、国連にならえば15歳から64歳を指します。ILOの定義では、（ア）調査前年に30日以上働いていない場合、（イ）無償労働の場合、（ウ）家庭内かその近くで働いているために、労働か個人的な活動かが区別しづらい場合、労働参加人数が過小評価されることが指摘されています。

③比較優位

経済学でいう比較優位は、単に、女性のほうが男性と比較して○○が得意だ、という意味ではありません。

理解のために、女性のほうが力仕事にも頭脳を使う仕事にも男性に比べて劣るという極端な場合を想定し、たとえば力仕事については、女性は男性の５割の生産性、頭脳を使う仕事については、８割の生産性しかないと仮定しましょう。数字で表すと、力仕事については、男性の生産性が１とすると女性は0.5、頭脳を使う仕事については、男性の生産性が１とすると女性は0.8となります。比較優位では、相対的生産性を比べます。力仕事については女性の相対的生産性は0.5、頭脳を使う仕事については0.8です。よって、女性は頭脳を使う仕事に比較優位をもつ、ということになります。

ここでは、男性と女性、力仕事と頭脳を使う仕事の２つが比較対象になっていることに注意してください。比較優位では、力仕事と頭脳を使う仕事を比較したとき、女性は男性に対してどちらの仕事に相対的に優位であるか、ということが問題となっています。男性は、頭脳を使う仕事に関して、女性に対して絶対優位をもっていますが、比較優位はもっていません。逆にいえば、このような場合であってもなお、女性は男性に対して、力仕事に比べた

用語解説

①「治療の意図」(Intention-to-Treat：ITT) による分析

ITTによる分析は、被験者の選択バイアスを防ぐことができるために、因果推論において広く使われている手法です。選択バイアスとは何でしょうか。

たとえば、若い女性の労働参加を促す目的で、インド農村の若い女性を対象に新しい就業機会の情報を与えた、イェール大学の開発経済学者、ロバート・ジェンセン教授の研究〔90〕における実験を考えてみましょう。

このケースでは、情報を与える＝A、女性の労働参加＝Bとして、A→Bという因果関係を示すことが目的です。このため、いくつかの村をランダムに2グループに分け、第1グループの村では、情報を与えるワークショップを各村で開催し、村内の若い女性をそれに招待、第2グループには何もしない、というRCTを実施しました。介入した第1グループは処置群、何もしなかった第2グループは対照群と呼ばれます。因果推論では、この対照群を反実仮想とみなします。

当然、処置群には招待されても、ワークショップに参加しない女性もいるでしょう。逆に、対照群には、招待されてもいないし、ワークショップはどこかほかの村で開催されているにもかかわらず、自ら情報を得てワークショップに参加する女性もいるでしょう。しかし、両グループはランダムに分けられているので、いずれのタイプの女性も同じような割合で両者のグループにいるでしょう。両者はもともと同質だったわけなので、Aという介入の結果、両者間でBに違いが出れば、それは介入の結果だと推論できます。つまり、対照群を反実仮想とみなし、介入を受けた村が仮に介入を受けなかったとしたら、どのような結果であったかを推論しています。

ITTは、実験者の意図によって処置群と対照群を分けており、グループによる効果の違いを測ります。実際に本当に処置を受けたかどうか、治療を受けたかどうかによって効果を測るわけではありません。この例では、被験者の女性が本当に情報を得たかどうかは問題ではありません。ITTによる分析では、実際には情報を得ていない被験者も得たものとして効果が測られるので、過小推計になる可能性があります。

にもかかわらず、ITT分析を行うメリットは何でしょうか。

単にワークショップに参加した女性と、していない女性を比較して、両者の労働参加＝Bを比べると、ワークショップの効果は過大評価されがちでしょう。なぜなら、ワークショップに参加しているような女性は、勤労意欲が

so Low?" 2011. https://www.ilo.org/wcmsp5/groups/public/---asia/---ro-bangkok/---sro-new_delhi/documents/genericdocument/wcms_342357.pdf.

145. Wiswall, Matthew, and Basit Zafar. 2018. "Preference for the Workplace, Investment in Human Capital, and Gender." *Quarterly Journal of Economics* 133 (1): 457–507. https://doi.org/10.1093/qje/qjx035.
146. World Bank. 2011. *World Development Report 2012*. Washington DC: World Bank. https://doi.org/10.1596/978-0-8213-8810-5.
147. 山口慎太郎. 2019.『「家族の幸せ」の経済学――データ分析でわかった結婚，出産，子育ての真実』. 光文社.
148. Zhang, Junsen, and William Chan. 1999. "Dowry and Wife's Welfare: A Theoretical and Empirical Analysis." *Journal of Political Economy* 107 (4): 786–808.

年9月14日アクセス.
131. Qian, Nancy. 2008. “Missing Women and the Price of Tea in China: The Effect of Sex-Specific Earnings on Sex Imbalance.” *Quarterly Journal of Economics* 123 (3): 1251–85. https://doi.org/10.1162/qjec.2008.123.3.1251.
132. Rahman, Lupin, and Vijayendra Rao. 2004. “The Determinants of Gender Equity in India: Examining Dyson and Moore’s Thesis with New Data.” *Population and Development Review* 30 (2): 239–68. https://doi.org/10.1111/j.1728-4457.2004.012_1.x.
133. Ray, Debraj. 2006. “Aspirations, Poverty, and Economic Change.” In *Understanding Poverty*, edited by Abhijit V. Banerjee, Roland Benabou, and Dilip Mookherjee, 409–21. New York, NY: Oxford University Press.
134. Rosenzweig, Mark R., and Kenneth I. Wolpin. 1980. “Life-Cycle Labor Supply and Fertility: Causal Inferences from Household Models.” *Journal of Political Economy* 88 (2): 328–48. https://doi.org/10.1086/260868.
135. Rosenzweig, Mark R., and T. Paul Schultz. 1982. “Market Opportunities, Genetic Endowments, and Intrafamily Resource Distribution: Child Survival in Rural India.” *American Economic Review* 72 (4): 803–15.
136. Rossi, Pauline. 2019. “Strategic Choices in Polygamous Households: Theory and Evidence from Senegal.” *The Review of Economic Studies* 86 (3): 1332–70. https://doi.org/10.1093/restud/rdy052.
137. Sen, Amartya. 1990. “More than 100 Million Women Are Missing.” *New York Review of Books* 37 (20): 61–66.
138. Singh, Susheela, and Renee Samara. 1996. “Early Marriage among Women in Developing Countries.” *International Family Planning Perspectives* 22 (4): 148–57. https://doi.org/10.2307/2950812.
139. Skoufias, Emmanuel. 1993. “Labor Market Opportunities and Intrafamily Time Allocation in Rural Households in South Asia.” *Journal of Development Economics* 40 (2): 277–310. https://doi.org/10.1016/0304-3878(93)90086-3.
140. ソニー生命保険株式会社. 2022.「女性の活躍に関する意識調査 2022」. <https://www.sonylife.co.jp/company/news/2022/nr_221101.html> 2022年11月20日アクセス.
141. Sundaram, Aparna, and Reeve Vanneman. 2008. “Gender Differentials in Literacy in India: The Intriguing Relationship with Women’s Labor Force Participation.” *World Development* 36 (1): 128–43. https://doi.org/10.1016/j.worlddev.2007.02.017.
142. UNICEF. “Child Marriage: Child Marriage Threatens the Lives, Well-being and Futures of Girls Around the World.” <https://www.unicef.org/protection/child-marriage> 2022年6月1日アクセス.
143. ヴァルギーズ, ジャミラ. 1984.『焼かれる花嫁——インドの結婚』. 鳥居千代香訳. 三一書房.
144. Verick, Sher. 2011. “Women’s Labour Force Participation in India: Why Is It

Infrastructure." *Journal of Human Resources* 52 (4): 0915-7408R1. https://doi.org/10.3368/JHR.52.4.0915-7408R1.
118. Mehrotra, Santosh, and Jajati K. Parida. 2017. "Why Is the Labour Force Participation of Women Declining in India?" *World Development* 98: 360–80. https://doi.org/10.1016/j.worlddev.2017.05.003.
119. Mosca, Irene, and Robert E. Wright. 2020. "The Long-Term Consequences of the Irish Marriage Bar." *The Economic and Social Review* 51 (1, Spring): 1–34. https://www.esr.ie/article/view/1384.
120. Munshi, Kaivan. 2019. "Caste and the Indian Economy." *Journal of Economic Literature* 57 (4): 781–834. https://doi.org/10.1257/jel.20171307.
121. Munshi, Kaivan, and Mark Rosenzweig. 2006. "Traditional Institutions Meet the Modern World: Caste, Gender, and Schooling Choice in a Globalizing Economy." *American Economic Review* 96 (4): 1225–52. https://www.jstor.org/stable/30034337.
122. 内閣府男女共同参画局. 2022.「男女共同参画白書　令和四年版」. <https://www.gender.go.jp/about_danjo/whitepaper/r04/zentai/pdfban.html> 2022年９月29日アクセス.
123. ———. 2022.「令和４年度　性別による無意識の思い込み（アンコンシャス・バイアス）に関する調査研究」. <https://www.gender.go.jp/research/kenkyu/seibetsu_r04.html> 2022年11月14日アクセス.
124. Niederle, Muriel, Carmit Segal, and Lise Vesterlund. 2013. "How Costly Is Diversity? Affirmative Action in Light of Gender Differences in Competitiveness." *Management Science* 59 (1): 1–16. https://doi.org/https://doi.org/10.1287/mnsc.1120.1602.
125. 西村和雄・八木匡. 2018.「幸福感と自己決定――日本における実証研究」. RIETI DP 18-J-026.
126. OECD Family Database. <https://www.oecd.org/els/family/database.htm> 2021年11月25日アクセス.
127. Phelps, Edmund S. 1972. "The Statistical Theory of Racism and Sexism." *American Economic Review* 62 (4): 659–61. https://www-jstor-org.up.idm.oclc.org/stable/pdf/1806107.pdf?ab_segments=0%2FSYC-5878%2Fcontrol&refreqid=fastly-default%3Ada5733f1b0df1dd6216a4afa0534adc3.
128. Pitt, Mark M., Mark R. Rosenzweig, and Mohammad Nazmul Hassan. 2012. "Human Capital Investment and the Gender Division of Labor in a Brawn-Based Economy." *American Economic Review* 102 (7): 3531–60. https://doi.org/10.1257/aer.102.7.3531.
129. Pradhan, Basanta K., Shalabh K. Singh, and Arup Mitra. 2015. "Female Labour Supply in a Developing Economy: A Tale from a Primary Survey." *Journal of International Development* 27 (1): 99–111. https://doi.org/10.1002/jid.2994.
130. Project Implicit. <https://implicit.harvard.edu/implicit/takeatest.html> 2022

Female Income and Mobility in India." *Journal of Development Economics* 94 (1): 1–17. https://doi.org/10.1016/j.jdeveco.2010.01.002.
105. Lundberg, Shelly, and Robert A. Pollak. 1993. "Separate Spheres Bargaining and the Marriage Market." *Journal of Political Economy* 101 (6): 988–1010. https://www.jstor.org/stable/2138569.
106. Lundborg, Petter, Erik Plug, and Astrid Würtz Rasmussen. 2017. "Can Women Have Children and a Career? IV Evidence from IVF Treatments." *American Economic Review* 107 (6): 1611–37. https://doi.org/10.1257/aer.20141467.
107. Macmillan, Ross, and Rosemary Gartner. 1999. "When She Brings Home the Bacon: Labor-Force Participation and the Risk of Spousal Violence against Women." *Journal of Marriage and the Family* 61 (4): 947. https://doi.org/10.2307/354015.
108. Majlesi, Kaveh. 2016. "Labor Market Opportunities and Women's Decision Making Power within Households." *Journal of Development Economics* 119: 34–47. https://doi.org/10.1016/j.jdeveco.2015.10.002.
109. Makino, Momoe. 2019a. "Dowry in the Absence of the Legal Protection of Women's Inheritance Rights." *Review of Economics of the Household* 17 (1): 287–321. https://doi.org/10.1007/s11150-017-9377-x.
110. ———. 2019b. "Marriage, Dowry, and Women's Status in Rural Punjab, Pakistan." *Journal of Population Economics* 32 (3): 769–97. https://doi.org/10.1007/s00148-018-0713-0.
111. ———. 2021. "Female Labour Force Participation and Dowries in Pakistan." *Journal of International Development* 33 (3): 569–93. https://doi.org/10.1002/jid.3537.
112. ———. forthcoming. "Labor Market Information and Parental Attitudes toward Women Working Outside the Home: Experimental Evidence from Rural Pakistan." *Economic Development and Cultural Change*.
113. Mammen, Kristin, and Christina Paxson. 2000. "Women's Work and Economic Development." *Journal of Economic Perspectives* 14 (4): 141–64. https://doi.org/10.2307/2647079.
114. Manser, Marilyn, and Murray Brown. 1980. "Marriage and Household Decision-Making: A Bargaining Analysis." *International Economic Review* 21 (1): 31. https://doi.org/10.2307/2526238.
115. Mas, Alexandre, and Amanda Pallais. 2017. "Valuing Alternative Work Arrangements." *American Economic Review* 107 (12): 3722–59. https://doi.org/10.1257/aer.20161500.
116. McElroy, Marjorie B., and Mary Jean Horney. 1981. "Nash-Bargained Household Decisions: Toward a Generalization of the Theory of Demand." *International Economic Review* 22 (2): 333. https://doi.org/10.2307/2526280.
117. Meeks, Robyn C. 2017. "Water Works: The Economic Impact of Water

92. Jones, Larry E., Rodolfo E. Manuelli, and Ellen R. McGrattan. 2015. “Why Are Married Women Working so Much?” *Journal of Demographic Economics* 81 (1): 75–114. https://doi.org/10.1017/DEM.2014.7.
93. Joyce, Ted. 2004. “Did Legalized Abortion Lower Crime?” *Journal of Human Resources* 39 (1): 1–28. https://www.jstor.org/stable/3559003.
94. Kabeer, Naila. 2000. *The Power to Choose: Bangladeshi Women and Labor Market Decisions in London and Dhaka*. London: Verso. https://www.amazon.co.jp/Power-Choose-Bangladeshi-Market-Decisions/dp/1859848044.
95. Karshenas, Massoud, Valentine M. Moghadam, and Nadereh Chamlou. 2016. “Women, Work, and Welfare in the Middle East and North Africa: Introduction and Overview.” In *Women, Work and Welfare in the Middle East and North Africa*, edited by Nadereh Chamlou and Massoud Karshenas. 1–30. London: Imperial College Press. https://doi.org/10.1142/9781783267347_0001.
96. Kersey, Alyssa J., Kelsey D. Csumitta, and Jessica F. Cantlon. 2019. “Gender Similarities in the Brain during Mathematics Development.” *Science of Learning* 4 (1): 1–7. https://doi.org/10.1038/s41539-019-0057-x.
97. Klasen, Stephan, and Janneke Pieters. 2015. “What Explains the Stagnation of Female Labor Force Participation in Urban India?” *World Bank Economic Review* 29 (3): 449–78. https://doi.org/10.1093/wber/lhv003.
98. Kofoed, Michael S., and Elizabeth McGovney. 2019. “The Effect of Same-Gender or Same-Race Role Models on Occupation Choice: Evidence from Randomly Assigned Mentors at West Point.” *Journal of Human Resources* 54 (2): 430–67. https://doi.org/10.3368/jhr.54.2.0416.7838R1.
99. Kusum. 1993. “The Use of Pre-Natal Diagnostic Techniques for Sex Selection: The Indian Scene.” *Bioethics* 7 (2–3): 149–65. https://doi.org/10.1111/J.1467-8519.1993.TB00281.X.
100. Kwak, Eunhye. 2022. “The Emergence of the Motherhood Premium: Recent Trends in the Motherhood Wage Gap across the Wage Distribution.” *Review of Economics of the Household* 22 (January): 1323–43. https://doi.org/10.1007/s11150-021-09594-3.
101. Le Barbanchon, Thomas, Roland Rathelot, and Alexandra Roulet. 2021. “Gender Differences in Job Search: Trading off Commute against Wage.” *Quarterly Journal of Economics* 136 (1): 381-426. https://doi.org/10.1093/qje/qjaa033.
102. Levine, Phillip B., Douglas Staiger, Thomas J. Kane, and David J. Zimmerman. 1999. “Roe v Wade and American Fertility.” *American Journal of Public Health* 89 (2): 199. https://doi.org/10.2105/AJPH.89.2.199.
103. レヴィット，スティーヴン・D.／スティーヴン・J. ダブナー. 2007.『ヤバい経済学―― 悪ガキ教授が世の裏側を探検する』増補改訂版. 望月衛訳. 東洋経済新報社.
104. Luke, Nancy, and Kaivan Munshi. 2011. “Women as Agents of Change:

Labor Supply, and Home Production." *Econometrica* 85 (6): 1873–1919. https://doi.org/10.3982/ecta11221.
80. Greenwood, Jeremy, Nezih Guner, Georgi Kocharkov, and Cezar Santos. 2016. "Technology and the Changing Family: A Unified Model of Marriage, Divorce, Educational Attainment, and Married Female Labor-Force Participation." *American Economic Journal: Macroeconomics* 8 (1): 1–41. https://doi.org/10.1257/MAC.20130156.
81. Greenwood, Jeremy, Ananth Seshadri, and Mehmet Yorukoglu. 2005. "Engines of Liberation." *The Review of Economic Studies* 72 (1): 109–33. https://doi.org/10.1111/0034-6527.00326.
82. Gruber, Jonathan, Phillip Levine, and Douglas Staiger. 1999. "Abortion Legalization and Child Living Circumstances: Who Is the 'Marginal Child'?" *Quarterly Journal of Economics* 114 (1): 263–91. https://doi.org/10.1162/003355399556007.
83. Haataja, Anita. 2009. "Fathers' Use of Paternity and Parental Leave in the Nordic Countries." Kela Online Working Papers. <https://helda.helsinki.fi/bitstream/handle/10250/8370/FathersLeaves_Nordic.pdf> 2021年11月25日アクセス.
84. Heath, Rachel. 2014. "Women's Access to Labor Market Opportunities, Control of Household Resources, and Domestic Violence: Evidence from Bangladesh." *World Development* 57: 32–46. https://doi.org/10.1016/j.worlddev.2013.10.028.
85. Heath, Rachel, and A. Mushfiq Mobarak. 2015. "Manufacturing Growth and the Lives of Bangladeshi Women." *Journal of Development Economics* 115: 1–15. https://doi.org/10.1016/j.jdeveco.2015.01.006.
86. Hellerstein, Judith K., David Neumark, and Kenneth R. Troske. 2002. "Market Forces and Sex Discrimination." *Journal of Human Resources* 37 (2): 353–80. https://doi.org/10.2307/3069651.
87. Hersch, Joni, and Leslie S. Stratton. 2002. "Housework and Wages." *Journal of Human Resources* 37 (1): 217–29. https://doi.org/10.2307/3069609.
88. ILO. 2020. "Understanding the Gender Composition and Experience of Ready-Made Garment (RMG) Workers in Bangladesh."
89. Iversen, Torben, and Frances Rosenbluth. 2010. *Women, Work, and Politics: The Political Economy of Gender Inequality*. New Haven, CT: Yale University Press.
90. Jensen, Robert. 2012. "Do Labor Market Opportunities Affect Young Women's Work and Family Decisions? Experimental Evidence from India." *Quarterly Journal of Economics* 127 (2): 753–92. https://doi.org/10.1093/qje/qjs002.
91. Jensen, Robert, and Rebecca Thornton. 2003. "Early Female Marriage in the Developing World." *Gender and Development* 11 (2): 9–19. https://doi.org/https://doi.org/10.1080/741954311.

Women_at_work_addressing_the_gaps.pdf.
65. Folke, Olle, and Johanna Rickne. 2020. "All the Single Ladies: Job Promotions and the Durability of Marriage." *American Economic Journal: Applied Economics* 12 (1): 260–87. https://doi.org/10.1257/app.20180435.
66. ———. 2022. "Sexual Harassment and Gender Inequality in the Labor Market." *Quarterly Journal of Economics* 137 (4): 2163–2212. https://doi.org/10.1093/qje/qjac018.
67. Foote, Christopher L., and Christopher F. Goetz. 2008. "The Impact of Legalized Abortion on Crime: Comment." *Quarterly Journal of Economics* 123 (1): 407–23. https://www.jstor.org/stable/25098902
68. Fryer, Roland G., and Steven D. Levitt. 2010. "An Empirical Analysis of the Gender Gap in Mathematics." *American Economic Journal: Applied Economics* 2 (2): 210–40. https://doi.org/10.1257/APP.2.2.210.
69. Galor, Oded, and David N. Weil. 1996. "The Gender Gap, Fertility, and Growth." *American Economic Review* 86 (3): 374–87. https://doi.org/10.2307/2118202.
70. Genicot, Garance, and Debraj Ray. 2017. "Aspirations and Inequality." *Econometrica* 85 (2): 489–519. https://doi.org/10.3982/ecta13865.
71. Gneezy, Uri, Kenneth L. Leonard, and John A. List. 2009. "Gender Differences in Competition: Evidence from a Matrilineal and a Patriarchal Society." *Econometrica* 77 (5): 1637–64. https://doi.org/10.3982/ecta6690.
72. Goldin, Claudia. 1988. "Marriage Bars: Discrimination against Married Women Workers, 1920's to 1950's." NBER Working Paper Series No.2747.
73. ———. 1990. *Understanding the Gender Gap*. New York: Oxford University Press.
74. ———. 2006. "The Quiet Revolution That Transformed Women's Employment, Education, and Family." *American Economic Review* 96 (2): 1–21. https://doi.org/10.1257/000282806777212350.
75. ———. 2014. "A Grand Gender Convergence: Its Last Chapter." *American Economic Review* 104 (4): 1091–1119. https://doi.org/10.1257/AER.104.4.1091.
76. Goldin, Claudia, and Lawrence F. Katz. 2002. "The Power of the Pill: Oral Contraceptives and Women's Career and Marriage Decisions." *Journal of Political Economy* 110 (4): 730–70. https://doi.org/10.1086/340778.
77. Goldin, Claudia, and Cecilia Rouse. 2000. "Orchestrating Impartiality: The Impact of 'Blind' Auditions on Female Musicians." *American Economic Review* 90 (4): 715–41. https://doi.org/10.1257/AER.90.4.715.
78. Goldin, Claudia, and Maria Shim. 2004. "Making a Name: Women's Surnames at Marriage and Beyond." *Journal of Economic Perspectives* 18 (2): 143–60. https://doi.org/10.1257/0895330041371268.
79. Goussé, Marion, Nicolas Jacquemet, and Jean-Marc Robin. 2017. "Marriage,

Journal of Economic Literature 50 (4): 1051–79. https://doi.org/10.1257/jel.50.4.1051.
54. Dugan, Laura, Daniel S. Nagin, and Richard Rosenfeld. 2016. "Explaining the Decline in Intimate Partner Homicide: The Effects of Changing Domesticity, Women's Status, and Domestic Violence Resources." *Homicide Studies* 3 (3): 187–214. https://doi.org/10.1177/1088767999003003001.
55. Dustmann, Christian, and Uta Schönberg. 2012. "Expansions in Maternity Leave Coverage and Children's Long-Term Outcomes." *American Economic Journal: Applied Economics* 4 (3): 190–224.
56. Elborgh-Woytek, Katrin, Monique Newiak, Kalpana Kochhar, Stefania Fabrizio, Kangni Kpodar, Philippe Wingender, Benedict Clements, and Gerd Schwartz. 2013. "Women, Work, and the Economy: Macroeconomic Gains from Gender Equity." *Staff Discussion Notes*. Vol. 13. https://doi.org/10.5089/9781475566567.006.
57. Engels, Friedrich. 2010. *The Origin of the Family, Private Property and the State*. New York: Penguin Classics. https://www.penguin.co.uk/books/133/133235/the-origin-of-the-family--private-property-and-the-state/9780141191119.html.
58. Eswaran, Mukesh. 2014. *Why Gender Matters in Economics*. New Jersey: Princeton University Press. https://www.amazon.com/Gender-Matters-Economics-Mukesh-Eswaran/dp/0691121737.
59. Eswaran, Mukesh, Bharat Ramaswami, and Wilima Wadhwa. 2013. "Status, Caste, and the Time Allocation of Women in Rural India." *Economic Development and Cultural Change* 61 (2): 311–33. https://doi.org/10.1086/668282.
60. Exley, Christine L., and Judd B. Kessler. 2022. "The Gender Gap in Self-Promotion." *Quarterly Journal of Economics* 137 (3): 1345–81. https://doi.org/10.1093/qje/qjac003.
61. Fernández, Raquel. 2013. "Cultural Change as Learning: The Evolution of Female Labor Force Participation over a Century." *American Economic Review* 103 (1): 472–500. https://doi.org/10.1257/aer.103.1.472.
62. Fernández, Raquel, and Joyce Cheng Wong. 2014. "Divorce Risk, Wages and Working Wives: A Quantitative Life-Cycle Analysis of Female Labour Force Participation." *Economic Journal* 124 (576): 319–58. https://doi.org/https://doi.org/10.1111/ecoj.12136.
63. Field, Erica, and Attila Ambrus. 2008. "Early Marriage, Age of Menarche, and Female Schooling Attainment in Bangladesh." *Journal of Political Economy* 116 (5): 881–930. https://doi.org/https://doi.org/10.1086/593333.
64. Field, Erica, Rachel Glennerster, and Shahana Nazneen. 2018. "Economic Empowerment of Young Women in Bangladesh: Barriers and Strategies." *Policy in Focus* 15 (1): 31–32. https://www.ipc-undp.org/pub/eng/PIF40_

Applied Economics 6 (4): 197–225. https://doi.org/10.1257/app.6.4.197.
40. Carrell, Scott E., Marianne E. Page, and James E. West. 2010. “Sex and Science: How Professor Gender Perpetuates the Gender Gap.” *Quarterly Journal of Economics* 125 (3): 1101–44. https://doi.org/10.1162/qjec.2010.125.3.1101.
41. Catalyst. 2022. “Women in the Workforce: United States (Quick Take).” <https://www.catalyst.org/research/women-in-the-workforce-united-states/> 2022年11月2日アクセス.
42. Croll, Elisabeth. 2000. *Endangered Daughters: Discrimination and Development in Asia*. New York: Routledge.
43. Cukrowska-Torzewska, Ewa, and Anna Matysiak. 2020. “The Motherhood Wage Penalty: A Meta-Analysis.” *Social Science Research* 88–89 (May): 102416. https://doi.org/10.1016/J.SSRESEARCH.2020.102416.
44. Das Gupta, Monica. 1987. “Selective Discrimination against Female Children in Rural Punjab.” *Population and Development Review* 13 (1): 77–100.
45. Dean, Joshua T., and Seema Jayachandran. 2019. “Changing Family Attitudes to Promote Female Employment.” *AEA Papers and Proceedings* 109: 138–42. https://doi.org/10.1257/pandp.20191074.
46. Devoto, Florencia, Esther Duflo, Pascaline Dupas, William Pariente, and Vincent Pons. 2012. “Happiness on Tap: Piped Water Adoption in Urban Morocco.” *American Economic Journal: Economic Policy* 4 (4): 68–99. https://doi.org/10.1257/POL.4.4.68.
47. Dharmalingam, A., and S. Philip Morgan. 1996. “Women’s Work, Autonomy, and Birth Control: Evidence from Two South Indian Villages.” *Population Studies* 50 (2): 187–201. https://doi.org/10.1080/0032472031000149296.
48. Dinkelman, Taryn. 2011. “The Effects of Rural Electrification on Employment: New Evidence from South Africa.” *American Economic Review* 101 (7): 3078–3108. https://doi.org/10.1257/aer.101.7.3078.
49. Donohue III, John J., and Steven D. Levitt. 2001. “The Impact of Legalized Abortion on Crime.” *Quarterly Journal of Economics* 116 (2): 379–420. https://doi.org/10.1162/00335530151144050.
50. ———. 2004. “Further Evidence That Legalized Abortion Lowered Crime: A Reply to Joyce.” *Journal of Human Resources* 39 (1): 29–49. https://doi.org/10.3368/JHR.XXXIX.1.29.
51. ———. 2008. “Measurement Error, Legalized Abortion, and the Decline in Crime: A Response to Foote and Goetz.” *Quarterly Journal of Economics* 123 (1): 425–40. https://www.jstor.org/stable/25098903.
52. ———. 2020. “The Impact of Legalized Abortion on Crime over the Last Two Decades.” *American Law and Economics Review* 22 (2): 241–302. https://doi.org/10.1093/ALER/AHAA008.
53. Duflo, Esther. 2012. “Women Empowerment and Economic Development.”

78. https://doi.org/10.1093/RESTUD/RDAA066.
27. Bertrand, Marianne, Emir Kamenica, and Jessica Pan. 2015. "Gender Identity and Relative Income within Households." *Quarterly Journal of Economics* 130 (2): 571–614. https://doi.org/10.1093/qje/qjv001.
28. Besley, Timothy, Olle Folke, Torsten Persson, and Johanna Rickne. 2017. "Gender Quotas and the Crisis of the Mediocre Man: Theory and Evidence from Sweden." *American Economic Review* 107 (8): 2204–42. https://doi.org/10.1257/aer.20160080.
29. Biasi, Barbara, and Heather Sarsons. 2022. "Flexible Wages, Bargaining, and the Gender Gap." *Quarterly Journal of Economics* 137 (1): 215–66. https://doi.org/10.1093/QJE/QJAB026.
30. Blau, Francine D., and Lawrence M. Kahn. 2017. "The Gender Wage Gap: Extent, Trends, and Explanations." *Journal of Economic Literature* 55 (3): 789–865. https://doi.org/10.1257/JEL.20160995.
31. Bordalo, Pedro, Katherine Coffman, Nicola Gennaioli, and Andrei Shleifer. 2016. "Stereotypes." *Quarterly Journal of Economics* 131 (4): 1753–94. https://doi.org/10.1093/qje/qjw029.
32. ———. 2019. "Beliefs about Gender." *American Economic Review* 109 (3): 739–73. https://doi.org/10.1257/aer.20170007.
33. Boserup, Ester. 1970. *Women's Role in Economic Development*. London: George Allen &. Unwin.
34. Bronars, Stephen G., and Jeff Grogger. 1994. "The Economic Consequences of Unwed Motherhood: Using Twin Births as a Natural Experiment." *American Economic Review* 84 (5): 1141–56. https://www.jstor.org/stable/2117765?seq=1.
35. Bursztyn, Leonardo, Thomas Fujiwara, and Amanda Pallais. 2017. " 'Acting Wife': Marriage Market Incentives and Labor Market Investments." *American Economic Review* 107 (11): 3288–3319.
36. Bursztyn, Leonardo, Alessandra Gonzalez, and David Yanagizawa-Drott. 2020. "Misperceived Social Norms: Women Working Outside the Home in Saudi Arabia." *American Economic Review* 110 (10): 2997–3029. https://doi.org/DOI: 10.1257/aer.20180975.
37. Card, David, Ana Rute Cardoso, and Patrick Kline. 2016. "Bargaining, Sorting, and the Gender Wage Gap: Quantifying the Impact of Firms on the Relative Pay of Women." *Quarterly Journal of Economics* 131 (2): 633–86. https://doi.org/10.1093/qje/qjv038.
38. Carlana, Michela. 2019. "Implicit Stereotypes: Evidence from Teachers' Gender Bias." *Quarterly Journal of Economics* 134 (3): 1163–1224. https://doi.org/10.1093/QJE/QJZ008.
39. Carranza, Eliana. 2014. "Soil Endowments, Female Labor Force Participation, and the Demographic Deficit of Women in India." *American Economic Journal:*

13. ———. 1999. "Schooling and Labor Market Consequences of the 1970 State Abortion Reforms." *Research in Labor Economics* 18: 75–113.
14. Antecol, Heather, Kelly Bedard, and Jenna Stearns. 2018. "Equal but Inequitable: Who Benefits from Gender-Neutral Tenure Clock Stopping Policies?" *American Economic Review* 108 (9): 2420–41. https://doi.org/10.1257/aer.20160613.
15. Asadullah, M. Niaz, and Zaki Wahhaj. 2016. "Missing from the Market: Purdah Norm and Women's Paid Work Participation in Bangladesh." IZA Discussion Paper No. 10463. https://papers.ssrn.com/sol3/papers.cfm?abstract_id=2895311.
16. Ashraf, Nava, Natalie Bau, Nathan Nunn, and Alessandra Voena. 2020. "Bride Price and Female Education." *Journal of Political Economy* 128 (2): 591–641. https://doi.org/10.1086/704572.
17. Attanasio, Orazio, Hamish Low, and Virginia Sanchez-Marcos. 2008. "Explaining Changes in Female Labor Supply in a Life-Cycle Model." *American Economic Review* 98 (4): 1517–52. https://doi.org/10.1257/AER.98.4.1517.
18. Bailey, Martha J. 2006. "More Power to the Pill: The Impact of Contraceptive Freedom on Women's Life Cycle Labor Supply." *Quarterly Journal of Economics* 121 (1): 289–320. https://www.jstor.org/stable/25098791.
19. バナジー，アビジット・V／エステル・デュフロ. 2012.『貧乏人の経済学——もういちど貧困問題を根っこから考える』. 山形浩生訳. みすず書房.
20. Banerjee, Abhijit, Esther Duflo, Maitreesh Ghatak, and Jeanne Lafortune. 2013. "Marry for What? Caste and Mate Selection in Modern India." *American Economic Journal: Microeconomics* 5 (2): 33–72. https://doi.org/10.1257/mic.5.2.33.
21. Beaman, Lori, Esther Duflo, Rohini Pande, and Petia Topalova. 2012. "Female Leadership Raises Aspirations and Educational Attainment for Girls: A Policy Experiment in India." *Science* 335 (6068): 582–86. https://doi.org/10.1126/SCIENCE.1212382/SUPPL_FILE/BEAMAN.SOM.PDF.
22. Becker, Gary S. 1971. *The Economics of Discrimination*. Second Edit. Chicago, IL: The University of Chicago Press.
23. ———. 1973. "A Theory of Marriage : Part I." *Journal of Political Economy* 81 (4): 813–46. https://www.jstor.org/stable/1831130.
24. ———. 1974. "A Theory of Marriage : Part II." *Journal of Political Economy* 82 (2): S11–26.
25. ———. 1991. *A Treatise on the Family*. Enl. Cambridge, MA: Harvard University Press.
26. Bertrand, Marianne, Patricia Cortes, Claudia Olivetti, and Jessica Pan. 2021. "Social Norms, Labour Market Opportunities, and the Marriage Gap Between Skilled and Unskilled Women." *The Review of Economic Studies* 88 (4): 1936–

参照文献

＊本文中で引用・参照した文献は、該当箇所に［　］を付し，文献番号を表示した。

1. アセモグル，ダロン／ジェイムズ・A. ロビンソン. 2013.『国家はなぜ衰退するのか——権力・繁栄・貧困の起源』上下. 鬼澤忍訳. 早川書房.
2. Ahern, Kenneth R., and Amy K. Dittmar. 2012. “The Changing of the Boards: The Impact on Farm Valuation of Mandated Female Board Representation.” *Quarterly Journal of Economics* 127 (1): 137–97. https://www.jstor.org/stable/41337208?seq=1.
3. Aizer, Anna. 2010. “The Gender Wage Gap and Domestic Violence.” *American Economic Review* 100 (4): 1847–59. https://doi.org/10.1257/aer.100.4.1847.
4. Alesina, Alberto, Paola Giuliano, and Nathan Nunn. 2013. “On the Origins of Gender Roles: Women and the Plough.” *Quarterly Journal of Economics* 128 (2): 469–530. https://doi.org/10.1093/qje/qjt005.
5. Almond, Douglas, Hongbin Li, and Shuang Zhang. 2019. “Land Reform and Sex Selection in China.” *Journal of Political Economy* 127 (2): 560–85. https://doi.org/10.1086/701030.
6. Ananat, Elizabeth Oltmans, Jonathan Gruber, Phillip B. Levine, and Douglas Staiger. 2009. “Abortion and Selection.” *Review of Economics and Statistics* 91 (1): 124–36. https://doi.org/10.1162/rest.91.1.124.
7. Anderson, Deborah J., Melissa Binder, and Kate Krause. 2002. “The Motherhood Wage Penalty: Which Mothers Pay It and Why?” *American Economic Review* 92 (2): 354–58. https://doi.org/10.1257/000282802320191606.
8. Anderson, Siwan. 2003. “Why Dowry Payments Declined with Modernization in Europe but Are Rising in India.” *Journal of Political Economy* 111 (2): 269–310.
9. ———. 2018. “Legal Origins and Female HIV.” *American Economic Review* 108 (6): 1407–39.
10. Anderson, Siwan, and Mukesh Eswaran. 2009. “What Determines Female Autonomy? Evidence from Bangladesh.” *Journal of Development Economics* 90 (2): 179–91. https://doi.org/10.1016/j.jdeveco.2008.10.004.
11. Andres, Luis A., Basab Dasgupta, George Joseph, Vinoj Abraham, and Maria Correia. 2017. “Precarious Drop: Reassessing Patterns of Female Labor Force Participation in India.” Policy Research Working Papers. World Bank. 8024. https://doi.org/10.1596/1813-9450-8024.
12. Angrist, Joshua D., and William N. Evans. 1998. “Children and Their Parents’ Labor Supply: Evidence from Exogenous Variation in Family Size.” *American Economic Review* 88 (3): 450–77. https://doi.org/10.2307/116844.

牧野百恵（まきの・ももえ）

1975年愛知県生まれ．99年東京大学法学部卒業，2002年タフツ大学フレッチャースクール国際関係修士課程修了，同年アジア経済研究所入所．11年ワシントン大学経済学部博士課程修了，Ph.D.（経済学）．在ニューヨーク，ポピュレーション・カウンシル客員研究員を経て，現在，アジア経済研究所開発研究センター主任研究員．専攻，開発ミクロ経済学，人口経済学，家族の経済学．
共著
『コロナ禍の途上国と世界の変容』（日経BP / 日本経済新聞出版，2021年）
主要論文
"Dowry in the Absence of the Legal Protection of Women's Inheritance Rights," *Review of Economics of the Household* 17, issue 1 (2019): 287-321.
"Marriage, Dowry, and Women's Status in Rural Punjab, Pakistan," *Journal of Population Economics* 32, issue 3 (2019): 769-797.
"Labor Market Information and Parental Attitudes toward Women Working Outside the Home: Experimental Evidence from Rural Pakistan," *Economic Development and Cultural Change* 72, issue 3 (2024): 1041-1067.

ジェンダー格差《かくさ》
中公新書 2768

2023年8月25日初版
2024年5月30日再版

著　者　牧野百恵
発行者　安部順一

本文印刷　暁印刷
カバー印刷　大熊整美堂
製　　本　小泉製本

発行所　中央公論新社
〒100-8152
東京都千代田区大手町1-7-1
電話　販売 03-5299-1730
　　　編集 03-5299-1830
URL https://www.chuko.co.jp/

Published by CHUOKORON-SHINSHA, INC.
Printed in Japan　ISBN978-4-12-102768-9 C1236

中公新書刊行のことば

いまからちょうど五世紀まえ、グーテンベルクが近代印刷術を発明したとき、書物の大量生産は潜在的可能性を獲得し、いまからちょうど一世紀まえ、世界のおもな文明国で義務教育制度が採用されたとき、書物の大量需要の潜在性が形成された。この二つの潜在性がはげしく現実化したのが現代である。

いまや、書物によって視野を拡大し、変りゆく世界に豊かに対応しようとする強い要求を私たちは抑えることができない。この要求にこたえる義務を、今日の書物は背負っている。だが、その義務は、たんに専門的知識の通俗化をはかることによって果たされるものでもなく、通俗的好奇心にうったえて、いたずらに発行部数の巨大さを誇ることによって果たされるものでもない。現代を真摯に生きようとする読者に、真に知るに価いする知識だけを選びだして提供すること、これが中公新書の最大の目標である。

私たちは、知識として錯覚しているものによってしばしば動かされ、裏切られる。私たちは、作為によってあたえられた知識のうえに生きることがあまりに多く、ゆるぎない事実を通して思索することがあまりにすくない。中公新書が、その一貫した特色として自らに課すものは、この事実のみの持つ無条件の説得力を発揮させることである。現代にあらたな意味を投げかけるべく待機している過去の歴史的事実もまた、中公新書によって数多く発掘されるであろう。

中公新書は、現代を自らの眼で見つめようとする、逞しい知的な読者の活力となることを欲している。

一九六二年一一月

中公新書

経済・経営

中公新書

政治・法律

h1

125 法と社会 碧海純一
819 アメリカン・ロイヤーの誕生 阿川尚之
2773 実験の民主主義 宇野重規
2347 代議制民主主義 待鳥聡史
2631 現代民主主義 山本圭
1905 日本の統治構造 飯尾潤
2691 日本の国会議員 濱本真輔
2537 日本の地方政府 曽我謙悟
2558 日本の地方議会 辻陽
1687 日本の選挙 加藤秀治郎
2752 戦後日本政治史 境家史郎
1845 首相支配―日本政治の変貌 竹中治堅
2651 政界再編 山本健太郎
2428 自民党―「一強」の実像 中北浩爾
2695 日本共産党 中北浩爾

2233 民主党政権 失敗の検証 日本再建イニシアティブ
2101 国会議員の仕事 林芳正 津村啓介
2418 沖縄問題―リアリズムの視点から 高良倉吉編著
2439 入門 公共政策学 秋吉貴雄
2620 コロナ危機の政治 竹中治堅

中公新書

社会・生活